Contando la muerte de un sueño

Contando la muerte de un sueño

Renée Rojas

ALEXANDRIA LIBRARY
PUBLISHING HOUSE
MIAMI

Contando la muerte de un sueño
©*María Renée Rojas, 2016*

ISBN: 978-1537294117

Edición y diagramación de interiores y portada:
Vilma Cebrian
Alexandria Library Publishing House
www.alexlib.com

ÍNDICE

YO TAMBIÉN CUENTO

Esta noche he dormido tranquila. Extrañamente tranquila. Me estiro a lo largo y ancho de mi cama y miro alrededor. Todo permanece igual que ayer, excepto él. Ni su olor, ni la huella de su cuerpo en nuestra cama. Su lado está intacto. Muevo los pies, desordenando las sábanas. Con este gesto, pretendo dar un tono de normalidad a un rito cotidiano que tan solo hace unas horas se desmoronó con el filo de un bisturí.

Igual que ayer, me levanto sin prisa. Tengo que ir a trabajar. No puedo ni quiero permitirme el no hacerlo. Entro en el cuarto de baño y la limpieza de los azulejos resplandece al encenderse la luz. Me miro en el espejo. Mi cara no refleja ninguna señal del cansancio que doce horas antes arrastraba a cuestas. La sequía que sufrían mis ojos no me habían permitido soltar ni una lágrima, ni tan solo un quejido. Ahora todo irá bien —me digo—, poco convencida de tal afirmación. Me arreglo con desgano y me voy a trabajar y así, sin más, rompo con una etapa que ha durado casi veinte años. Toda una vida —dice mi madre—, y yo estoy de acuerdo. La llamaré esta noche, también a mi hermano, y a mi amiga Carmen quién llegó a creer que nunca saldría de esta.

Cierro la puerta de mi casa, y con esta acción pretendo dejar atrás todo lo vivido. El infierno tenía que terminar algún día. Todos estábamos sufriendo, un inocente sobre todo, el niño al que los dos decíamos amar. Ese será mi pesar; y nuestros actos manchando una blanca inocencia, el tormento eterno de mi espíritu. No era la manera de terminar esa historia —opina el que ahora es mi ex cuñado, parcamente—. No comprenderé nunca la ligereza de dicha opinión, habiendo sido este hombre el testigo principal de nuestra angustia. ¿O era acaso tolerable el dolor que su hermano nos infligía, por ser solamente eso, sangre de su sangre? El fin estaba casi predicho de una manera u otra. Quizás esas palabras encierren también el resentimiento del hermano que hizo todo por salvar a otro, sin éxito. Un último esfuerzo baldío cuando yo me había enzarzado en una guerra cruenta, sin vislumbrar triunfo alguno. Lo suyo fue un pequeño rayo en la oscuridad de una tormenta. No, no existía otra salida, mi vida o la suya. Hasta hace unas horas parecía que solo contaba su vida. Es hora de que cuente la mía. Ya está hecho. Un desenlace amargo, como final para historias desahuciadas por la violencia. Una extraña culebrilla fría recorre mi cuerpo y se anuda en mi garganta. ¿Cuándo fue que se perdió mi capacidad de reacción? ¿Por qué mi miedo? Son infinidad de preguntas ante alguna muda repuesta y alguna que otra endeble vacilación.

Puedo gritar pero por primera vez en años no necesito que nadie me escuche, porque aunque mi alma aún sufre, a mi cuerpo físico esta vez no le ha salido ni tan siquiera un moratón. Tengo la corazonada de que el relativo apoyo de una familia que era la suya, se evaporará. La que fue mi familia postiza durante dos décadas enteras, me dará la espalda porque la consanguinidad pesa más que la justicia, más que el sufrimiento de una mujer a la que solían llamar hermana. Eso ya no cuenta. Es cuestión de genética. Muchas de las charlas, risas, discusiones, y cumpleaños felices a lo largo de ese tiempo, ahora me parecerán falsos. Sé que me verán por la calle y miraran a otro lado. Fui cruel —dirán a los más allegados—, mala ama de casa, infiel —susurrarán a otros—, incluso se inventarán el nombre de algún amante para acallar sus conciencias que saben de mis lágrimas y así podrán seguir yendo a misa en plan de buenos samaritanos. Mis predicciones serán ciertas y el futuro estará ahí para corroborarlo. El tiempo dirá que me he quedado corta ante las conjeturas que hago ahora, y esta profecía me dará la razón con una brutal rotundidad.

Regreso del trabajo, ha sido un día largo. Entro con la confianza de que solo mi hijo me espera. Mi corazón se acelera al abrir la puerta. Mis sentidos están alertas a pesar de mi certeza de que él sigue en el hospital. Todo me parece irreal. La sensación es nueva, aunque el miedo sigue atenazando mi corazón. La visión de un hombre desangrándose en mi bañera me asalta de repente. Las rodillas me tiemblan, tengo que sentarme porque un raro desasosiego me corta la respiración. El teléfono es el mudo testigo de esta extraña soledad que con su silencio confirma mi desamparo.

ALREDEDOR DE LOS AÑOS 70

El primer año de escuela, seis años, y este fue decisivo al no otorgarme el diploma que todas mis amigas recibieron por pasar al segundo. La profesora simplemente se olvidó de mí. Me quedé escuchando todos los nombres de mis compañeras, y al no mencionarse el mío, me solté de la mano de mi madre y corriendo, ataqué a mi profesora por detrás, rasgando su vestido. "Que te olvidas de mí, que leo y sumo y rezo por las noches a mi ángel sin la ayuda de mi mamá.". Yo también quería ese papel que todas llevaban en la mano como galardones. Me escocían los ojos por la sal de mis lágrimas que retenidas se empeñaban en nublarme la vista. A duras penas contenía cada gota, no quería llorar ante mis compañeros, ya que aparte de dejar a la profesora casi desnuda, esta me había dado un manotazo, sin averiguar el porqué de mi repentino ataque. Cada año, a partir de aquel, yo llegaría a casa con dos o tres diplomas que hacían alarde de mi excelencia por mi aprovechamiento escolar. Mi madre los iba coleccionando y archivando en una enorme carpeta que en grande letras rojas decía "Diplomas". En los actos de clausura escolar, la mención de mi nombre era habitual. Me encantaba escuchar los aplausos de una atenta concurrencia, que esperaba alguna alusión honorífica para sus pequeños retoños. Con una timidez estudiada bajaba del escenario. Mi padre me recibía con una palmadita en el hombro, mi abuela Ángela con un pellizco en la mejilla, y mi madre, con una mirada de satisfacción, esbozaba orgullosa una sonrisa a los conocidos.

A mis catorce años, y mi cara perdida tras unos enormes cristales de aumento, pasaba desapercibida. Ni fea ni bonita, los chicos me ignoraban. Eso no me evitaba soñar con alguno que encajaba con mis cánones románticos de los héroes de novela. Comencé a ir de fiestas a los doce. Mi sonrisa encerrada tras unos alambres ortopédicos, sujetaban unos dientes que se empeñaban en levantar mi labio superior, deformándome el rostro. Estas características, mas la inseguridad de no saber cómo comportarme no eran buenos augurios para cualquier jovencita que hubiera deseado brillar en sociedad. Al no llevar gafas mis ojos, como un búho, se achicaban y agrandaban según el interés, enfocando a cada chico que entraba a la sala de fiestas. Fingía ignorar a los que pasaban por mi lado sin intención de sacarme a bailar, cosa frecuente, y miraba con ansia a los que lo hacían, intentando animarlos para tal acto. Mi mejor amiga y yo éramos las planchadoras, mote que se daba a todas las frustradas bailarinas que se decía valían más en casa quitando las arrugas de la ropa, que el permanecer tristemente atornilladas a una silla alisando los recién estrenados vestidos. Esa era la devastadora catalogación para las muchachitas que acababan como estatuas pegadas a las sillas, mientras todos bailaban a nuestro alrededor, empeñados en demostrar su habilidad en este arte. Pese a todas estas penurias sociales, nosotras vivíamos desesperadas por conseguir una invitación para cualquier sarao. Nuestra asistencia era vital, o eso creíamos, pues al día siguiente, las chicas formaban sus corrillos para comentar sobre el fin de semana, y nuestra opinión era tan válida como las de las otras, porque al estar tanto tiempo sentadas nos permitía observar todos los tejemanejes en el salón de baile, o sala de estar que alguna madre resignada había dejado sin muebles para celebrar un cumpleaños con un baile como condición sinequanon. Los chicos y/o alguna sinvergüenza que había tenido la desfachatez de birlar el chico a otra eran los temas centrales, y los desmenuzábamos a lo largo de toda la semana, hasta la siguiente fiesta. La pena de no haber bailado y que incluso, el más feo del grupo nos había ignorado, la dejábamos arrinconada en un resquicio de nuestro corazón. Nuestra satisfacción por haber estado donde se cocía el puchero y la validez en nuestras apreciaciones mitigaba nuestra aflicción, y atenuaba la conmiseración en la mirada de nuestras compañeras.

Atrás quedaron nuestros libros de Enid Blyton. A las Mujercitas y Hombrecitos de Alice Alcott las dejamos tomando el té con sus pastitas de jengibre, sin saber aún a qué demonios sabía esta especie culinaria. El famoso detective Hércules Poirot de Agatha Christie se paralizó en medio de una verde campiña inglesa a punto de cazar al asesino, y se desesperó al no poder evitar que lo cambiáramos por la revista "Vanidades", las novelas de Corín Tellado, y las supernovelas, todas llenas de amores satisfechos y jóvenes apuestos dispuestos a luchar o dar su vida por su amada. Estas se iban apilando sobre nuestras mesitas de noche en una endeble columna. El romance nos acechaba dejando una suave estela perfumada de rosas rojas imaginarias sobre nuestros lechos virginales.

—Abuela —le pregunté un día— ¿Tú crees que mi mamá está enamorada de mi padre? Mi abuela me miró seriamente.

—No, creo que no lo está.

De súbito, mi cabeza llena de pajaritos románticos detuvo sus pensamientos y todos ellos dejaron súbitamente de piar. Contuve el aliento, y la película que me había hecho sobre mis padres y el amor, se desdibujó de mi mente. La devoción que mi madre puso al cuidar a mi padre en su vejez, desmentirían años más tarde esta afirmación, que casi cruelmente hizo mi abuela en su día.

—No se lo dirás a tu madre —añadió, viendo que había metido la pata—. Tu madre iba en camino de convertirse en una solterona, y aunque tu padre no era del tipo que a ella le gustaba, su repentina decisión de casarse con él no nos sorprendió. Era un político rico con fama de mujeriego, y aunque la idea en un principio no me puso contenta, el hombre ha sabido ganarse mi cariño.

No sé si aquello me afectó. Sin embargo, yo comencé a mirar a mi madre de una forma diferente. Su falta de expresividad y su don de sargento añadieron razones para acentuar una rebeldía que rechazaba la intromisión de los adultos en mi vida.

—Señorita Contreras, no empecemos, ¿de acuerdo?, tú haces lo que se te dice y punto —gritaba mi madre, harta de mis desplantes y mis interminables porqués. Mujer de pocas palabras y de tendencias perfeccionistas, perdía la paciencia constantemente, y yo sabía qué tuercas tocar para provocarla.

La casualidad o mi creencia en la predestinación, ha hecho que mis mejores amigas en las diferentes etapas de mi vida se hayan llamado Carmen. El destino las ha elegido para mi alegría, y su apoyo ha sido vital para mí. Carmen la amiga de mi infancia, Carmen la amiga de mi adolescencia, Carmen la amiga de mi juventud, y Carmen la amiga de mi última etapa, la de adulta. Debo añadir que todas, excepto una, aún siguen presentes en mi vida. Carmen, mi amiga de la infancia y yo, éramos inseparables. Habíamos nacido con un día de diferencia, y ambas en el día en que se celebraban los Santos Inocentes para desquicio nuestro cada vez que queríamos hacer una fiesta en esa fecha y nadie nos lo creía. Nos habían presentado al mes de nacidas, y luego nos habíamos encontrado a los cuatro años en el que sería mi colegio por 18 años. Yo, que era una lectora insaciable con cualquier cosa leíble que caía en mis manos, le había contagiado mi pasión por los libros, y ella, amante del teatro y la poesía, había exacerbado mi histrionismo que se camuflaba por ese entonces bajo una timidez obcecada y con tintes de una rebeldía anticapitalista, solo porque mi madre trabajaba como secretaria del Cuerpo de Paz, un organismo yanqui que cooperaba internacionalmente con el tercer mundo pobre e indefenso —según ellos. Rebelde como era, despreciaba el trabajo de mi madre, y veía gringos hasta en la sopa, que aunque tenían pinta de buena gente, la amabilidad exagerada de mi madre con ellos me hacía repudiarlos.

—¡Mueran los yanquis! —gruñía cuando quería enfadarla, tal cual lo había escuchado en alguna manifestación estudiantil, mientras mi madre, con una mirada silenciosa, y una ceja en alto, me hacía salir de la habitación, roja ante mi insolencia juvenil. No toleraba mis desplantes, ni mi afición por la declamación.

Los fines de semana, en vez de seguir durmiendo como todo el mundo, me despertaba muy temprano y mi voz hacía saltar a mis padres de su cama. Las poesías de Neruda, Rubén Darío y algún soneto de Bécquer resonaban por toda la casa. El tono afectado de mi voz al recitar a esa hora, irritaba a todos. Mi inspiración solía atacarme ni bien abría los ojos. Mi madre deseó alguna mañana, quemar cada uno de aquellos libros junto con la basura, igual que Torquemada lo hizo con la literatura no católica. Para mi padre, empero, cualquier libro era sagrado y continuaba comprándomelos sin oponer resistencia pese a que mi demanda era de uno por semana. No sé si para mi desgracia, o su alivio económico, dejé de momento la literatura seria y empecé a compartir la lectura de las revistas de moda con mi madre, y yo a mi vez con mi amiga del alma, Carmen.

Nuestras artes de seducción habían mejorado, o eso creíamos, a través de ciertos artículos femeninos que parecían fabulosos en estas lides. "Cómo mantener el interés de su hombre y no perderlo a la vuelta de la esquina", "Ser la otra y llevarlo bien". Practicábamos el beso con lengua con unas naranjas a las que habíamos agujereado en el centro para poder meter las nuestras dentro, y cerrando los ojos nos imaginábamos besar al hombre de nuestra vida. Este consejo nos lo había dado mi prima Teresita López, unos años mayor y con unos cuantos novios de experiencia, cuando la pescamos con el cítrico incrustado en su lengua, haciéndolo girar apasionadamente sobre su boca. Nos dijo que el beso de un chico era muy parecido, y nosotras le creímos a pies juntillas. Nuestras cocineras no entendían el porqué de las naranjas agujereadas, y nosotras para evitar preguntas optábamos por comérnoslas.

Con la vitamina C controlada, no pudimos hacer lo mismo con nuestras feromonas, que andaban locas cada vez que alguien del sexo opuesto nos miraba, no importaba la condición social ni el físico de los chicos que habían incurrido en la desgracia de posar su vista sobre nosotras. Estos eran sometidos a todo lo aprendido, aunque aún no nos animábamos a poner a prueba nuestros besos con sabor a cítrico. A un codazo como señal, comenzábamos a poner en práctica nuestras miradas seductoras. Nos humedecíamos los labios, y moviendo los ojos lánguidamente, les guiñábamos descaradamente. Los pobres desconcertados unas veces, avergonzados y aturdidos otras, desviaban la vista con caras rojas por el acné y por nuestro atrevimiento. Conseguido el objetivo y con la audacia demostrada, nos sentíamos magistrales y divinas. Tratando de disimular el brillo de nuestras miradas, nuestra sonrisa triunfal y pícara sacaba a relucir la osadía perpetrada con aquellos jovencitos que se habían sentido intimidados por nuestros gestos de femmes fatales, y estos pequeños triunfos nos activaba la imaginación para seguir ensayando nuevos métodos para atraer al sexo opuesto.

Nuestras madres se desesperaban viendo como sus barras de labios favoritas disminuían de tamaño, y lo rápido que se evaporaban sus perfumes y esencias francesas. Cuando Rosita, la hermana mayor de mi amiga aterrizó en nuestra polvorienta ciudad desde un exclusivo internado canadiense de señoritas, nuestras vidas rozaron casi la sofisticación. Una luz exquisita iluminó nuestra adolescencia junto a unas gotitas robadas de su perfume de Channel que emanaba tímidamente de nuestros tiernos cuellos. Maletas llenas de lencería fina, potes de maquillaje, un par de pestañas postizas, más una colección maravillosa de pelucas y peluquines, nos proporcionó el material que necesitábamos para continuar con nuestro empeño de aprendices a mujeres fatales. Los modales de princesa de Rosita eran minuciosamente observados e imitados, y mientras ella salía todas las tardes con un dentista divorciado a escondidas de su padre, nosotras corríamos a poner los discos del belga Jaques-Brel. Aquello, aunque no era cantar sino berrear algo parecido al idioma Francés, despertaba a su pobre bisabuela que pasaba los días aletargada en su mecedora, y la pobre sonreía beatíficamente haciéndonos creer que éramos María Callas en Madame Butterfly. Nos poníamos las pelucas, el par de pestañas postizas, un día ella otro yo, y así dábamos comienzo a nuestros ensayos en el difícil arte de la seducción.

—Querido, podías besarme suavemente en el cuello, soplándome la oreja disimuladamente…

—¡Y tú Arrrrmando, haz realidad mi deseo y hazme el amor, tonto! –voces roncas y sugerentes, tal cual creíamos La Dama de las Camelias se lo diría a su caballero.

Nuestros amantes imaginarios caían rendidos de amor a nuestros pies, mientras nosotras dábamos buena cuenta de los cigarrillos que habíamos hurtado del bolso de mi madre, y del Whisky de don Walter, el papá de Carmen, que solíamos rellenar de vez en cuando con té, para que no lo echara en falta hasta el día en que descubrimos una rayita de tinta disimulada en una botella, señalando el nivel del ya mermado líquido.

Con tantos libros de detectives leídos, soñábamos parecernos a uno de ellos. Nada se escapaba de nuestra vigilancia. Ni las casi invisibles rayas indiscretas en el whisky de Don Walter, ni ciertos detalles, gestos posturales o sonrisas nerviosas que parecían inusuales en el comportamiento de las personas. Casi todo era analizado exhaustivamente. Esta era una cualidad que nos esforzábamos en cultivar para, decíamos nosotras, llegar a ser las mejores en esta peligrosa profesión. Espiábamos a cualquiera que podía parecernos peculiar, cara de malo, y mejor si guapo, con el tic o gesto que tuviera. El ser guapo era una categoría que no contaba con ninguna reticencia en el análisis, y bajo consenso unánime posibilitábamos su candidatura a convertirse en otro amor platónico añadido a nuestra lista y como un nuevo miembro de honor, se convertía automáticamente en nuestra cobaya de laboratorio. A mis catorce años, una de esas víctimas había pasado a ser el hijo menor de la farmacéutica de la Plaza Colón. Casi obsesionada con él, era el único que llenaba de ilusión mi joven corazón. La farmacia y su casa en esquinas opuestas de dicha plaza estaban a cinco minutos de la casa de mi amiga Carmen. Por su lado, ella, se trastocó con un conocido actor de bigotillo nervioso que trabajaba de locutor radiofónico cerca de otra plaza, la Principal. Por fin mi niñera y mi cocinera podían respirar sin temor a encontrarse conmigo escondida bajo la mesa de la cocina, o metida en un armario escuchando sus conversaciones. En nuestra "libreta negra", anotábamos ordenadamente el nombre del sujeto, colegio/trabajo, horas de entradas y salidas, etc. Como dos postes de luz en una esquina, o sentadas estratégicamente en un banco de las plazas mencionadas, espiábamos la casa/lugar de trabajo del sujeto a investigar. La Colón, como la llamábamos, era nuestro lugar favorito y el lugar clave por el que pasaba casi todo el mundo que quería encontrarse con la otra mitad del mundo. Al final todos acabábamos sentados por ahí, o en el Prado, un paseo lleno de árboles que terminaba en un puente, el de Cala-cala. Este vetusto y tembloroso puente de cemento, conectaba el centro con el otro lado de la ciudad. Otrora esta zona, ahora a quince minutos de la plaza Principal, había estado llena de huertos pertenecientes a ricos terratenientes de nuestro valle, y con el aumento lógico de la población, la campiña había pasado a mejor vida poblándose de chalés de dos pisos y algún que otro edificio en un alegre desorden urbanístico. Pero nuestro reino se limitaba a solo dos fronteras, la plaza principal y el Prado, recorrido suficiente para hacerlo a pie, una y otra vez sin cansarnos.

Las revistas con dos agujeros perforados en la mitad de cada página y a la altura de nuestros ojos, cubrían nuestras caras. Nosotras, con cara de circunstancia, hacíamos el paripé de leer mientras observamos descaradamente nuestro entorno. Sin prisas, como dos verdaderos detectives, nos armábamos de paciencia y nuestra rutina solo terminaba cuando veíamos al adolescente larguirucho, salir o pasar por nuestro lado sin sospechar que estaba siendo sometido a una estrecha vigilancia. Entonces, satisfechas con el resultado, dábamos por finalizado nuestro cometido, plegábamos alas y no parábamos de hablar de él. Resignadamente, y con paso decidido, nos dirigíamos al otro lado de la ciudad para esperar la salida del locutor de la Radio Centro. Si nos había mirado, cómo lo había hecho, si había parpadeado al mirarnos, cómo había movido sus ojos, si parecía triste o por qué nos había sonreído, si nos había saludado, el tono de voz al hacerlo, que si su camisa, que si su pantalón. Diseccionábamos inmisericordes a los mozos objetos de nuestro espionaje como ratas bajo un microscopio, hasta llegar a la conclusión de que todo daba signos de su amor hacia nosotras.

La vida nos era amable. La imaginación fértil nos ayudaba a hacer con muy poco, tardes de diversión interminables. Cansadas de jugar a ser detectives y de acosar a los que en ese momento considerábamos el amor de nuestras vidas, pasábamos a ser mujeres encinta, y con unos almohadones debajo nuestros vestidos corte princesa, nos lanzábamos al centro de nuestra ciudad. Dos pares de piernas flacas arqueadas y unas enormes barrigas cruzaban pretenciosas El Prado. Este paseo abarrotado de bares y kioscos lleno de bebedores rutinarios y borrachos permanentes, no reparaban en nosotras, y si lo hacían, tampoco interesaba mucho. El pretendido embarazo nos dignificaba y, convencidas que nadie dudaba de ello, caminábamos solemnemente frente a las mesas repletas de botellas y vasos rebosantes de cerveza. Sofocadas por el calor de las plumas, relleno de los almohadones, llegábamos a la única tienda prenatal de la ciudad, y frente a su escaparate, comenzábamos a parlotear cuando nos sabíamos escuchadas por alguna señora que escandalizada paraba las orejas como antenas.

—¡Estoy deseando parir ya! El bebé no para de dar patadas, y yo estoy harta... —mis manos sujetaban, una la barriga, y la otra apuntalaba mi espalda mientras yo me inclinaba hacia atrás lentamente. Mi enorme panza de almohadón relleno de plumas de pato amarrado a la cintura, saludaba al cielo pretenciosamente—. ¡Me haré la cesárea cueste lo que cueste! —añadía, y con una mirada como señal, mi amiga continuaba con el teatro.

—Mis tetas me están reventando, y no paro de vomitar. Yo mañana me hago una cesárea, ¡no hay vuelta atrás! Y definitivamente ya no vuelvo a hacer el amor con nadie. ¡Es que creo... voy a vomitar ahora! —Empezaba con sus arcadas mientras veíamos que la señora se retiraba presurosa, evitando lo que parecía iba salir de la boca de aquella pequeña degenerada. Nuestros ojos bailaban conteniendo una risa que jugaba en nuestras caras.

Aparte de escalar los techos de nuestras casas y los de nuestras abuelas, fabricar tintas invisibles y códigos secretos, pasábamos horas tratando de abrir las cerraduras con tenedores, cuchillos y alambres. Evitábamos las formas convencionales de usar las puertas para entrar a las casas y lo hacíamos subrepticiamente saltando rejas, ventanas, e incluso balcones. Todo esto, más los disfraces improvisados, formaban parte de nuestro entrenamiento para la que habíamos decidido iba a ser nuestra profesión: detectives o espías internacionales. Los baúles antiguos llenos de ropa usada gemían de tanto abrirse. Nuestra mejor caracterización era el de transformarnos en prostitutas españolas. Acentuando nuestras eses al hablar, aprovechábamos las pelucas, el maquillaje de Rosita, unas minifaldas cortas, un chorro de Maderas de Oriente, lo bastante potente para dejar su estela a nuestro paso, y salíamos a hurtadillas, esperando no chocar con nuestros padres.

Todos los domingos con los ritos católicos cumplidos y sus pecados confesados en la misa de las diez, por la mañana, ellos se iban al cine cuando el reloj marcaba puntualmente las seis de la tarde. La sesión nocturna era un evento dominical tan importante como la misa. A las seis y un cuarto, los seguíamos nosotras. Nuestros atuendos eran imitaciones como los que llevaban las actrices españolas que nos fascinaban la dulce, eso nos parecía, Rocío Durcal, y unas gemelas rubias llamadas Pili y Mili. Gafas oscuras, guantes largos hasta los codos, y el par de pestañas postizas compartidas, un ojo yo, y el otro ella, ya que ninguna quería renunciar el no llevarlas. Estos últimos eran los ingredientes sexy de cosecha propia para hacer nuestro papel más creíble. Disfrazábamos a la joven cocinera —que tenía por deber el de cuidarnos— con una manta multicolores, le amarrábamos una muñeca por la espalda, como lo hacían las mujeres campesinas, y le dábamos instrucciones de mantener su distancia durante nuestro recorrido: "vigílanos sin que se note que lo haces", le decíamos con voz autoritaria, tal cual nuestras madres con la servidumbre. La vuelta era corta, ya que sabíamos que si nuestros padres nos veían, podíamos recibir sendos estirones de oreja, y como no queríamos correr ese riesgo, volvíamos a casa corriendo. Antes, empero, hacíamos un pequeño alto en el Templo del Hospicio, que los domingos noches desbordaba de fieles. El escándalo que creíamos causábamos entre los parroquianos que se dirigían para escuchar la misa, nos inyectaba miles de ideas ingeniosas para futuras salidas pecaminosas.

Los colores de nuestros atuendos brillaban entre tanto grises y negros de los devotos. Detrás del coro y con nuestras caras solemnes de angelitos píos, desorejábamos con gorgoritos falsos de soprano los cánticos religiosos. "¡Hosanna, hosanna es el señor, bendito tú entre nos!" Las beatas espantadas subían el volumen de sus voces, tratando de tapar nuestros chirridos sin atreverse a hacernos callar, mientras el cura nos lanzaba miradas furibundas toda la eucaristía, que coincidía justo con nuestra llegada.

Cuando la imaginación pedía un respiro, era hora de ir al cine a la sesión de matinée por la tarde. De dos a cinco de la tarde nos aislábamos del mundo viendo dos películas; los sábados en época de colegio, y un día sí y otro no durante nuestras vacaciones. Todos descansaban de nosotras: servidumbre, novios platónicos, hermanos y padres. Veíamos todo lo que se echaba en las diferentes salas de cine. Cinco en total.

Una en condiciones, y las cuatro otras, infestadas de pulgas y ratones que paseaban entre nuestras piernas a sus anchas. Con subir nuestras piernas sobre las butacas evitábamos el contacto directo con los pequeños roedores, sin embargo las picaduras de las pulgas hambrientas traspasaban el grueso de nuestros pantalones vaqueros, dejándonos unos mapas rojizos de círculos extrañamente homogéneos sobre nuestras jóvenes pieles. Terminados los escasos estrenos, optábamos por repetir los dramones mejicanos, que adorábamos. Volvíamos a sufrir la Vía Crucis de nuestro héroe "Chucho el Roto". Este galán era una especie de Robín Hood mejicano que trataba de ayudar a los pobres campesinos, robando a los gordos patrones su riqueza y seduciendo a sus bellas e infelices mujeres. El guapo charro atraía para sí todas las injusticias que la pobreza indefensa recibía de la poderosa oligarquía mejicana. Agarradas de la mano nos estremecíamos de tristeza cuando este empezaba a cavar la tumba de su pobre madre muerta para enterrarla, y llegaba el infame comisario para arrestarlo, dejando tirada a la difunta como alimento para los buitres. Amarrado de pies y manos, el malvado uniformado se lo llevaba a arrastras para colgarlo. —¡No, no! déjeme al menos enterrar a mi madrecita, señor comisario... —Imploraba él, arrodillado—. Nuestras gafas se empañaban por el calor de nuestras lágrimas y teníamos que taparnos la boca con un puño para no llorar a gritos las injusticias sufridas por aquél galán harapiento, paladín de la justicia proletaria.

Otro género fascinante por lo novedoso, era la surrealista acción china. Con carteles de florido contenido y títulos llenos de unas misteriosas rayas con la traducción entre paréntesis, se estrenaba una película por semana. Cada vez que las mirábamos nos preguntábamos cómo hacían esos chinos para volar por los tejados, convertir los palos en letales armas y diezmar a todo un ejército con solo un cuchillo. Todo nos parecía real y con posibilidades de ser realizado; aún no habíamos escuchado hablar de los efectos especiales, o a nadie le interesó el decírnoslo. Con estas películas, nuestras esperanzas en el poder de la justicia divina, enterradas anteriormente por la tragedia mejicana de Chucho el Roto, volvían a surgir. Llegaría un día que al igual que ellos, nosotras saltaríamos por encima de las murallas como ardillas, y descabezaríamos a los malvados soldados y policías corruptos de un solo tajo. Animadas por lo visto, volvíamos a centrarnos en el techo de la casa de mi amiga y desoyendo la prohibición de su padre —que se las veía negras tratando de sustituir las costosas tejas coloniales rotas—, la gente que pasaba por la calle nos veía como dos loros en su travesaño. Gracias a nuestras excursiones clandestinas, las goteras en su techo dieron trabajo a unos cuantos albañiles, y taquicardias a su bisabuela que ni bien nos veía sobre el tejado, cogía automáticamente su rosario elevando un padrenuestro con los ojos en blanco. En lo lírico, no teníamos opción. Solo se exhibía un único género, quizás por lo barato. Las zarzuelas españolas. Las copias viejas así como antiguas solo tenían por audiencia a nosotras dos y a unos cuantos viejecillos nostálgicos, que no pasaban de diez. Con una calidad penosa, muchas veces estas se quedaban sin un final, pues casi todas se quemaban en mitad de la proyección.

Una vez en la casa de mi amiga desde su balcón y con nuestro histrionismo exacerbado, sacábamos las toallas y pavoneándonos envueltas en ellas como si fueran costosos mantones de Manila, y por abanicos, los matamoscas de plástico, cantábamos las coplas de La Paloma de la Verbena de pe a pa. Frente nuestro, en otro balcón, un afamado tenor-dentista, que tenía su casa-consulta, sufría de nuestro terrorismo lírico ni bien volvíamos del cine. Lo imaginábamos tapándose las orejas y su enfermera las de sus pacientes desencajados por nuestras serenatas gratuitas y las extracciones de sus muelas. Todo eso provocaba en nosotros un deseo ferviente de ser escuchadas a toda costa, ya que la situación de total indefensión del paciente y el dentista era la ideal para contar con su atenta audición, y no parábamos hasta que veíamos al pobre hombre cerrar las ventanas del que era su consultorio dental.

Ante esta avalancha de temas cinematográficos, nuestra pequeña grabadora dejaba su oficio de espía para pasar a ser el receptor de muchos guiones ñoños que la tía Florencia, con afanes de escritora elaboraba para las que decía serían las futuras actrices del país. Nosotras en honor a esta devoción, le dedicábamos un tiempo. Los temas eran somnolientos. Ovejas y abejas, de bes y uves intercambiadas, hablaban y bailaban inconsistentemente, ante unos fallos ortográficos que innegablemente gritaban el nivel intelectual de la pobre mujer. El diálogo pobre, en vez de aburrirnos, actuaba de inyector para otros temas que exudaban misterio, sangre y miedo. Las ovejas se transformaban en hombres lobos y las abejas en vampiros sanguinarios. Nuestro tema favorito, el de Drácula y sus vampiresas. Obviamente nosotros elegíamos ser estas últimas. El papel principal lo hacía nuestro amigo Marcelo, que aparte de ir a clase con nosotras, andaba loco de amor por nuestra amiga Malena y se prestaba a hacer cualquier cosa que le pidiéramos para poder estar al lado de ella, que como víctima tenía que dejarse morder el cuello.

A los quince años mi cuerpo tomó algo de formas. Por fin había conseguido tener mi primer novio, y tras muchas prácticas en el espejo, intentaba seguir los pasos al compás de la música. Me sentía medianamente preparada para lanzarme a las discotecas. Todas mis amigas eran bailarinas veteranas y conocían la mayoría de antros que habían proliferado por toda la ciudad. Estaba de moda el amor libre, la marihuana y el rock and roll. Estos eran temas tabúes de los que nuestras madres hablaban en voz baja para no meternos ideas indecentes en nuestras mentes virginales. Nuestra forma de vestir había cambiado drásticamente, y ahora solo usábamos vaqueros pegados al culo con botapie ancho a los que cosimos todo tipo de parches, unos de flores brillantes, otros, los típicos signos de amor y paz como los que usaban los melenudos de Woodstock. Este concierto que vimos como muy prohibido en un documental educativo, nos mostraba el infierno de las drogas, y unos hombres parientes de los yeti, hablaban del amor libre. ¿Amor libre? —nos preguntábamos—. El amor era libre, y nosotras ingenua y libremente enamoradas del amor. Unas maravillosas y enormes mariposas bordadas en cada nalga de nuestros vaqueros, se olvidaron de volar con tanto remiendo, y resignadas brillaban al son de nuestro caminar algo cadencioso y desatinado por lo incómodo de unos suecos con unas plataformas que nos elevaba unos 20 centímetros del suelo. Deseábamos, solo para llamar la atención de los puritanos, parecernos un poco a esos jóvenes que se revolcaban al son de una música horrorosa y estridente, en un pueblo de Chicago. Limpias, porque de otro modo nuestros padres no hubieran dejado que pisáramos el pavimento de la calle, y los pelos bien escobillados, contrastando con la suciedad de los protagonistas del documental, nuestros atuendos hacían volcar las cabezas de la gente, y los viejos desagradables al vernos solían gritarnos ¡Payasas!, o movían su cabeza de un lado a otro, haciéndonos saber su poca aceptación a los cambios de tiempos. Lejos de ofendernos quedamos encantadas con estas muestras de reprobación porque nos sentíamos especiales, y atractivas para los de nuestra generación.

Mis padres, asustados ante tanta libertad otorgada, y viendo cómo iba la juventud perdida en las drogas, quisieron frenar mi adolescencia limitando mis salidas, y prohibieron mi incursión en las discotecas. No lo podía entender, era inaudito verlos intransigentes, horrorizados ante la idea de incluso salir al cine a las seis de la tarde para volver a las ocho. Había salido sin control parental toda mi corta vida, mis notas eran estupendas, y mi rebeldía era la justa como para no faltar el respeto a mis padres. Castigada, sin culpabilidad declarada, pagaba los excesos de los otros, o los futuros excesos por cometer y que aún no se me habían pasado por la cabeza el hacerlos. Los fines de semana por la noche todas mis amigas salían, habían sido besadas, y alguna pecaminosamente manoseada. Aburrida y con toque de queda los sábados, me quedaba en casa viendo a mis padres jugar a la canasta. La primera vez que logré ir a una discoteca, a la que mis padres llamaron boîte, tuve que llorar un día, gritar otro, sufrir la humillación de escuchar a mi madre hablar por teléfono con las madres de las chicas que salían conmigo, con mi abuela para pedirle consejo, y con la madre del joven que se había atrevido a invitarme ese sábado.

—¿Es verdad que tú dejas ir a tu hija a esos lugares? —preguntaba mi madre a otra, cómo dudando de lo que yo le había mil veces recitado de memoria y esa era la lista con los nombres de mis precoces acompañantes al que parecía iba a ser un aquelarre. Había lágrimas de rabia en mis ojos. La desconfianza mostrada por mi madre me enfurecía. Si algo no había hecho hasta entonces era engañar a mis padres, pero ante el temor de una negativa, me amarré la lengua evitando que mi reacción me perjudicara. Sabía que cualquier palabra malsonante, frustraría mi intento. No era la primera vez. El primero lo había hecho hacía unos seis meses, y debido al escándalo montado por un ¡mierda! mío muy bajito, lo tomaron como arma para que el tema muriera sin ni siquiera una agonía. No, algo similar no sucedería de nuevo. La morbosidad tenía cara de letrero luminoso con el nombre de "La manzana de Adán", y yo era de las pocas que quedaban por ir.

—Abuela, por favor dile a mamá que me deje ir —suplicaba yo.

—No me gusta que vayas a esos lugares, supongo que tu madre dirá que no. Eres muy jovencita, y no está bien querida —me contestó—. Espera a ser mayor. Mi abuela que había dejado fumar a mi madre a sus dieciséis años, que había sido mi cómplice en mis intentos de ser una Sherlock, comprándome unos bigotes y patillas postizas, y que conocía mis ansias detectivescas, esta vez no me apoyaba. Me decía de ser mayor, cuando mis amigas eran ya unas eximias profesoras de baile. Yo deseaba crecer de prisa. El encierro temporal había estimulado mi curiosidad y estaba ansiosa por vivir esas experiencias que te hacían temblar el corazón. Había llegado la hora de poner en práctica todo lo ensayado, especialmente esa lengua que se moría de ganas de tocar otra que no fuera la pulpa de una naranja.

EL AÑO 2008 COMENZANDO ENERO, EN ESPAÑA

Con la resaca de un año que comienza, ya tenemos a la primera víctima de la violencia machista. El día 7 es detenido un hombre que degolló a su compañera en Torrevieja. El día 6, un día antes, a media noche del primer sábado de Enero del 2008 que muy bien podía ser del 2006 o del 2012, una mujer rusa muere acuchillada con la carótida cercenada. El agresor, un hombre de 26 años, ucraniano. Llegó borracho, dicen los vecinos, y uno añade lacónicamente "era una mujer que no se metía con nadie". Dos niños quedan sin madre. Año tras año, el goteo de mujeres muertas por violencia de género es como un cuenta gotas cruento, tan solo cambian los nombres y las fechas. Es la segunda muerte comenzando el año. El día 4 en Coín murió otra mujer en el día de su cumpleaños. Mal inicio del año, en el primer día, un barcelonés de 25 años es detenido en Málaga por empotrarse varias veces contra la caseta donde duermen su mujer y sus hijos.

Amores destructivos. El día 10, otra mujer de 54 años muere en Murcia a manos de su marido. Tras una discusión en el coche José Vicente la apuñala, y luego la lleva de co-piloto en un trágico trayecto hasta la comisaria. En el 2007, otras 74 mujeres murieron a manos de su pareja o ex–parejas. Cuán brutal y violento puede llegar a ser ese hombre que dice que te ama. Te ama y te golpea, y cuando te golpea te pide arrepentido perdón, y te dice que nunca más lo volverá hacer. ¡Qué drama encierra cada historia de estas mujeres que son ahora solo un titular en las noticias, y de las miles que son sujetos potenciales a serlo!

17 de Enero, calle Dulcinea. Ya no se escucha la salsa que salía del Nº9, y que solían escuchar los vecinos de Yolanda. Esta mujer ha muerto a manos de su compañero Lázaro Daniel, de origen cubano, con el que convivía hace dos años. No solo ha muerto ella, sino su hijo pequeño de 11 años, al que estranguló el cubano. Los vecinos no recuerdan haber oído golpes ni gritos... solo la música. A él lo sabían celoso y machista, y a ella la recuerdan cargando las bolsas de la compra caminando detrás de Lázaro que iba por delante sin mirarla. Al no querer al hijo pequeño de ella viviendo con ellos, Yolanda decidió echarlo de la casa, y él más rápido, la echó a ella y a su hijo de esta vida. Es el octavo homicidio en la comunidad de Madrid, y el tercero en España por violencia de género.

Junto a un centro comercial de Alcalá de Henares, en un descampado, se detiene un coche como tantos otros que llevan en su interior a la típica pareja que parece buscar un lugar solitario para un encuentro amoroso. Este será el cuarto caso y tiene a un joven rumano como protagonista que matará a su novia de 20 años. El hombre sale del vehículo y este comienza a arder. Una pareja en otro coche ha dejado de besarse, el estupor los paraliza. El joven dice "la he matado". La ha quemado viva. Los telediarios más tarde comentan la noticia y un periodista señala el lugar del crimen. En el terreno chamuscado, la cámara de televisión enfoca el lugar donde yace un lápiz labial carbonizado por el fuego. ¡Tenía veinte años! pienso.

—¡Cómo puede una vida tan joven terminar de esta manera! —comenta la joven camarera que se sienta a mi lado en el hotel en el que trabajo, y que mira la televisión horrorizada. No quiero iniciar un diálogo al respecto, tendría mucho que contarle, y una opinión a la ligera sería frivolizar el tema. La miro de soslayo, y me digo "si tú supieras...". La mujer, que tiene unos treinta años, parece no saber que existen 85,000 mujeres bajo protección policial y muy pocos policías para protegerlas. Algunas de esas vidas terminarán de esa manera abrupta. Otras intentarán cambiar ese destino, reiniciando una nueva vida, y otras, intentando evitar un final, se seguirán sometiendo a la violencia de su compañero en una continua película de terror. Serán unas 60 o 70 con un trágico final a lo largo de este año, y de los años por venir, predigo, y es muy fácil hacerlo, muy a mi pesar.

Son muchos años los que voy bombardeando mi cabeza con este tipo de sucesos. Llegaba a masticar lentamente cada noticia sobre violencia doméstica, violencia machista o como se quiera llamar a cualquier tipo de maltrato femenino, y así mismo, tardaba en digerirlas. Las letras en negrita de los titulares, al igual que la visión de ellas, entraban bruscamente por mi torrente sanguíneo y aceleraban mi corazón. Eso aún continúa sucediéndome, aunque los latidos ya no golpean con tanta fuerza mi pecho; el tiempo ha minimizado su impacto. Hoy en día, toda la sociedad parece abominar el tema. Se dice que existe una toma de conciencia social, pero para poder luchar efectivamente contra ella deberíamos forjar una concientización individual formada en el hogar y en las escuelas.

Cuando alguien se cruza con una mujer que ha vivido esta experiencia, muchas veces se cuestiona el comportamiento de la interlocutora y surgen dudas que vemos reflejadas en los ojos del que la escucha. La comprensión es forzada, pese a las buenas intenciones que algunos hacen por entenderlo. Es innegable que solo alguien con un drama similar tendrá la empatía suficiente para comprender lo vivido. Lástima, incredulidad o duda. Muchos creen tener delante a una idiota que ha elegido convivir con un ser que ha sido un verdugo, y otros tantos no saben qué pensar o cómo reaccionar. A una cabeza con una inteligencia y sensibilidad media, le cuesta digerirlo. Distintos carteles surgen de esos pensamientos: "Mujer tonta encontró hombre para maltratarla", "Algo hizo y encontró el trato que merecía" Las palabras encuentran su camino entre las exclamaciones de ¡oh!, ¡ah! Y algún otro hum…

— ¡Oh! ¡Yo no podría haber vivido con alguien así! — dicen boquiabiertos—. ¡No entiendo cómo pudiste hacerlo! ¡Ah! A la primera lo dejo... —asevera alguna otra con vehemencia, y con el convencimiento de que así reaccionaría si llegara el momento.

—Hum... Tan culpable uno como el otro —puntualizan otros, y una siente que más que una opinión es una condena.

Ante estas últimas sentencias instintivamente me surge el deseo de auto justificarme. Lo hago y luego nace en mí una necesidad de disculparme, y también de auto inculparme. Toda esa pesada carga se arrima de golpe en mis espaldas, y como un ente se apodera de nuevo de mi alma. ¿Cómo pude soportarlo? ¿Qué razones tuve para hacerlo? ¿Por qué no pude reaccionar antes? ¿Por qué no reaccioné simplemente? ¿Por qué, por qué...?

TERMINANDO LOS SETENTA

Preguntaba siempre, y si las respuestas no tenían lógica, me rebelaba ante ellas. Me encantaba decir blanco cuando los otros, sobretodo mis padres decían negro. A mí no me valía la respuesta "¡Porque yo lo digo y punto!". Era una de las respuestas que más me sublevaba, quizás por eso las matemáticas eran mi punto flaco. ¿Para qué me servían el seno y el coseno, y algo que se llamaba Trigonometría? Sin sentido alguno para mi entender, yo me limitaba a salir del paso decentemente en esta materia. En vez de Religión, el nuevo director del colegio decidió que más útil nos sería la clase de Moral y Ética. Idea brillante que venía de un individuo que se decía carecía de estas dos cualidades. Corrían rumores de que este "encanto de persona" seducía a las adolescentes necesitadas de un aprobado para pasar al grado superior, y que hubo alguna que se suicidó de tanto amarlo. Muy amigo de nuestros progenitores, había sido un excelente profesor de historia de mi madre y ahora se constituía en un ejemplo para los de su generación y para la nuestra, o eso creíamos nosotros. De momento, habíamos encontrado a un hombre que hablando el lenguaje de los mayores, nos entendía, y agilizaba nuestra instrucción escolar con ideas nuevas.

Comenzamos tercero de bachillerato con un adulto que parecía tener la conciencia y ecuanimidad para hacernos sentir importantes con nuestras opiniones. Él y una profesora de Literatura consiguieron que nadie faltara a clase ese año. Aún quedaban otros tres para salir del colegio, y el éxito de ese año fue fugaz comparado con los otros por venir. Un lapso corto para "la sensatez" o así lo llamaron los mayores, cuando vieron el fiasco de los años sucesivos. Fue muy fácil volver a ser el típico adolescente en constante rebeldía con unas notas que daban vergüenza al profesorado, y por defecto a nuestros progenitores. Un año para convertirnos en ángeles nos bastó, y luego pasamos a ser unos "verdaderos demonios", "los últimos de los últimos" como dijo nuestra entrañable tutora Miss Caballero, y nuestras notas en tinta roja la aplaudieron.

La lectura de "El último tango en París" a voz en cuello en la clase de la Señorita Cabezas, que así era como se llamaba la profesora de Literatura Castellana, de pronto abrió a muchos, un mundo nuevo, el de los libros. Según ella, esta era una obra maestra que merecía la pena ser leída en voz alta. Los pasajes más eróticos resaltaban en amarillo fosforescente, sobre unas páginas con las puntas sobadas. La profesora pretendía solemnidad en su lectura y nosotros muy obedientes la complacíamos. Nuestras orejas tiesas como radares escuchaban hasta el vuelo de las moscas cuando el lector, que generalmente era nuestro compañero George Komadina, se detenía para hacer un alto entre los puntos y aparte, alzaba los ojos de mirada guasona y luego con cara de mayordomo inglés que no ha matado al Lord de la mansión, continuaba la lectura con voz parsimoniosa. Aparentando la madurez que aún no teníamos en el terreno sexual, nuestros ojos no se atrevían a pestañear para no parecer ni asombrados, ni excitados. Luego, fuera de clase y sin la profesora, todos comentábamos lo asqueroso de la mantequilla usada en el coito, y no para el pan que era como más nos gustaba. Alguna muy remilgada dejó de comerla por unos meses, y otro a escondidas la usó como quiso o se lo permitieron. De pronto, los alumnos con honores nos veíamos compitiendo con los mediocres, o vagos, que solo trabajaban lo justo para no tener que demostrar a los adultos lo inteligentes que podían ser. Más de media clase luchaba por los mejores puestos. Los que no daban ni golpe en los estudios empezaron a disfrutar leyendo a Sábato, Gabriel García Marques y Neruda, y ese amor por la lectura se mantuvo y nos acompañó todo el bachillerato. Alguna chivata se fue de la lengua y despidieron a la profesora en cuestión, o ella se despidió al sentirse incomprendida por la junta directiva. De pronto una mañana llegó la orden de cortar las melenas de los chicos. Nuestra sorpresa e indignación fueron mayúsculas. ¿Es que acaso no era la inteligencia la que importaba?

—Es una falta de respeto tratar de imponer sus decisiones sobre nuestra imagen —dijo el delegado de los Estudiantes—. Eso no podemos tolerarlo. Nuestro pelo es parte de nuestra entidad.

Algunos en plan de protesta se cortaron el pelo al estilo mohicano, otros se los tiñeron de colores, y la siguiente mañana a las ocho en punto, entraron desfilando uno a uno en plan militar por la puerta del colegio ante el horror de los profesores, y nuestra admiración. Sin llegar a dar dos pasos dentro del patio donde todos cantábamos el último estribillo del himno nacional, la voz del director a través del megáfono sonó como el aullido de una bruja malévola: "¡Fuera!" Esta última "a" casi atragantada en su glotis "¡Y solo vuelvan con sus padres!" Con los ojos fuera de sus órbitas. Al otro día los rebeldes llevaban la cabeza pelada. No vimos a ningún padre. Al director con cara de palo aún le temblaba el bigotillo por la rabia, y nos miraba desafiante. Derrotados, lo ignoramos, incluso cuando las aguas se tranquilizaron. Y así el hombre fue ignorado a lo largo de los años sin darle tregua ni cuando algunas lo tuvimos de profesor de historia en la universidad.

Empezamos el siguiente año. Dos o tres continuaron obedeciendo las normas impuestas. ¡Chupa medias! Les susurrábamos. Siempre eran las mismas tres cada año. Con un amén a todo lo que el director ordenaba, y nuestro desprecio a esa sumisión, las pobres no se atrevían a alzar los ojos en la clase. La lista de los disconformes creció, y casi todos los profesores sufrieron una repentina metamorfosis. Transformados en insectos, y algún que otro animal menor como "La garrapata", "la pulga" "la mosca" y "el loro", solo unos pocos conservaron su apellido y muy pocos lo de Míster o Miss. El "Señor Sapo", profesor de literatura por el que sentíamos verdadera devoción, no tuvo más remedio que quedarse con el nombre ya que su semejanza era tal con el animal, la boca enorme que ocupaba media cara, los ojos saltones y el color verdusco de su piel, atributos físicos que nos obligaron indefectiblemente al sobrenombre. Nuestros tutores Miss

Caballero, Míster Camacho, y pocos más, continuaron intoca-
bles gracias a la indudable excelencia de sus clases. Hubo uno
muy valiente que, cansado de demostrar su buen hacer en
la clase de Geografía, tuvo que hacer uso de su habilidad en
las artes marciales y a fuerza de partir una mesa de un golpe
con su mano, ganó un destacado puesto en la lista de los más
respetados. Para el resto quizás fuimos una pesadilla. De ser
los más aplicados fuimos los más gamberros, pero termina-
mos el bachillerato, y nuestra mala fama acabó abruptamente.
La ceremonia de clausura perfecta, la imagen de inocencia y
nuestras voces ultra terrenales cantando el himno del colegio. La devota mirada de nuestros padres, quienes exultantes,
lloraban emocionados, quizás porque hubo días en los que
creyeron que este momento jamás llegaría. La sonrisa de los
profesores, casi agradecidos de vernos partir lejos. Un futuro
poco promisorio, pensaron. Les habíamos demostrado ser,
los dos últimos años, unos rebeldes al estilo de James Dean,
mimados é imbéciles sin cabeza, ni normas de comportamiento. Finalmente suspiraron e incluso unieron alguna la-
grimilla a las de nuestros progenitores. "¡Mucha suerte!" "La
vida en el mundo real será otra cosa, pero su futuro es brillante". "¡Adelante muchachos!" se aventuraron a decir, mirando
de reojo a cualquiera que lo escuchara, temiendo mostrar sus
verdaderos sentimientos.

A lo largo de esos años conflictivos y maravillosos, nuestra vida social sufrió otra pequeña revolución. Se nos permitió
el uso de lo que llamábamos Salón de Actos para hacer fiestas
los sábados. El lugar, algo parecido a una terraza cubierta, sin

ventanales, era un galpón más que un salón. Las paredes de un rosa deslucido perdían su tristeza habitual cuando inundábamos su espacio de risas y de coros desafinados durante las clases de música. Al fondo, recostado sobre una de estas viejas paredes de estuco, un viejo piano, y al lado, en todo lo ancho, una tarima de madera, que protestaba y crujía anunciando su probable derrumbe cuando debíamos subirnos a ella para alguna representación escolar.

La excusa de reunir fondos para los viajes de fin de curso, y otras actividades como la elección de la reina de belleza estudiantil o campañas de ayuda a alguna escuela campesina, sirvió para dar montones fiestas en aquel lugar al lado de una vetusta piscina. Los demás colegios nos envidiaban por la libertad aparente. Decorado con flores de papel, posters psicodélicos, un potente equipo de música alquilado, el recinto deslucido, transformado en una mini-discoteca, resplandecía con focos de color rojo. A él llegaban centenas de jóvenes entre los quince y dieciocho años. Se formaban pequeños círculos de adolescentes separados por sexo y edad a lo largo del jardín que rodeaba el espacio cubierto. Las reglas impuestas intentaban controlar nuestros actos. No se fumaba, ni se bebía y se bailaba separado. Nuestros padres se turnaban para recogernos, y como las fiestas eran en el colegio, difícilmente se encontraba una excusa para prohibir nuestra asistencia. Si alguno con el coraje paternal bien puesto lo hacía, debía enfrentarse primero a una tremenda pataleta juvenil. Luego, someterse a un continuo desgaste psicológico que todo el curso ejercía sobre él, suplicando uno a uno y con pausas estratégicamente planificadas que mermaban la paciencia de los infelices. Este último recurso era el más efectivo, ya que revocaba cualquier prohibición, o por lo menos aplazaba el castigo a la semana siguiente.

—Estas reuniones nos facilitaran las relaciones sociales con el sexo opuesto en un "ambiente sano"— sentenció el director, y todos, unánimemente, estuvimos de acuerdo con él. Lo de sano o insano, eso nos importaba muy poco, porque nada en esa época parecía insano y casi todo divertido. Siempre había algún osado que, rompiendo las reglas, se permitía llevar a una chica a una esquina oscura del jardín. En medio, la piscina reglamentaria con los azulejos rotos, rebalsaba de ranas, y las inoportunas croaban como locas cuando algún atrevido disturbaba su entorno y atraían al regente. Flaco como un soldado de plomo deslucido y con dos bolas negras inquietas por ojos, estas solo se detenían bruscamente cuando observaban a alguno infringiendo las normas de disciplina. En el cuello colgaba un silbato plateado cuyo sonido estridente mandaba a la precoz y avergonzada pareja a bailar con los demás. Pese al atento control de este hombre, más de una recibió su primer beso, o conoció al que sería el amor de su vida.

A mis catorce años y gracias a esas fiestas, por fin había conseguido tener algo más que un amigo, y el tan ansiado beso de lengua. A los dieciocho y desde que había vuelto de la casa de mamá y papá Ware de Colorado, más mi dos certificados de bachillerato, el de mi colegio de toda la vida, y uno de un colegio norteamericano donde fui becada por un año, me regalé mi propia Carta de la Independencia. Los Ware fueron todo lo que yo me había imaginado como familia americana.

Aparte de cantar y tocar el piano maravillosamente, eran casi perfectos en todos los deportes. Rendidos ante mi falta de habilidad deportiva, habían desistido de llevarme a esquiar, pese a todos sus esfuerzos, y los del entrenador de esquí. Ellos veían con impotencia cómo su pequeña protegida lo que mejor hacía era devorar sus pasteles ni bien descuidaban sus bandejas preparadas para alguna cena o festejo. Eran jóvenes, felices y con toda la paciencia para acoger a una mimada adolescente en sus vidas.

Fue un año fantástico de celebraciones y tradiciones totalmente diferentes a las mías. Fiestas de colegio en las que los gringos daban pequeñas orquídeas como brazaletes a sus "dulces corazones", y ellas, románticas, prendían otra flor en el ojal de la chaqueta del galán. Padres embobados que sacaban provecho de sus Polaroids, retratando a sus chiquillos como si fueran estrellas de Hollywood. Luego, en el colegio más fotos. Los enamorados teenagers posaban bajo un enorme corazón de papel maché rodeado de una explosión de luces de colores, que como copias más tarde, se mandaban a los parientes y a alguna amiga envidiosa. Las fiestas raras en los gimnasios, donde se prohibían los zapatos para no destrozar el impoluto parquet y salían a relucir los calcetines con agujeros, cosa que me sucedió al nadie prevenirme, y viendo que era obligada a sacarme las zapatillas, observé que uno de mis dedos, el gordo, salía agresivo desgarrando un remiendo mal hecho. Sentada y sin opción a cambiarlo, recordé los viejos tiempos de cuando mi éxito social era nulo. Y con horror, vi como este apéndice regordete a momentos cobraba vida e indiscreto se movía con la música de los Beach Boys.

Finalmente, el ritmo pudo conmigo y sola bailé con frenesí borrando todo el trauma pasado a mis doce años cuando nadie se atrevía a pedirme un baile. Las fiestas americanas de colegio siempre tenían por centinelas a chaperones que, aburridos, fingían controlar a una horda de adolescentes en desenfreno. Las mujeres bailaban con las de su mismo sexo, los hombres con los del suyo, algunos con un ritmo propio se tiraban al suelo como epilépticos, o atacados por lo que parecía el mal de San Vito. Sin protocolos ni reglas sociales, otros pocos se atrevían con las chicas y tomándolas de la mano sin pedir permiso de las agraciadas, las arrastraban a la pista como muñecas de trapo. Bajo una aparente timidez unos cuantos se ocultaban en las esquinas libres del bombardeo de luces de colores y fumaban Marihuana perfumando los rincones. Sonrisas enrejadas de medio lado, torcidas por la ortodoncia, y las manos de todos ellos cuando bailaban con el sexo opuesto prendidas a los culos de una como lapas.

La gracia de esta nación para con sus celebraciones y sus paradojas provocaban mi asombro. La fiesta del Día de los Muertos, con pequeños duendes, brujas, y engendros de las películas de terror, amontonando golosinas. Almas inocentes en disfraces tenebrosos. Futuros, todos ellos, contribuyentes al fondo de pensiones médico, bajo el afán inconsciente de sus madres por coadyuvar en el esfuerzo de "cuánto más caramelos, mejor", y que los sebaba cuál cerdos, de azúcar y calorías. La felicidad exprés de los niños era tan inquietante, como el verlos desfilar la noche de brujas, por el vecindario sin luces, alumbrado solo por velas y linternas.

El gremio sanitario ya rico, robustecía con esta fiesta y el derroche de las otras, su holganza económica, y hacía caso omiso de su compromiso hipocrático. Otro Mercedes en sus amplios garajes, o el que se creía patriótico, el último modelo de la Cadillac, se materializaban como en un encantamiento gracias a los excesos gastronómicos de sus compatriotas. Mientras en los países cercanos colindando con el sur de Norteamérica, se llenaban los cementerios de flores honrando a sus muertos. En este norte, los adultos bailaban y borrachos se burlaban de la muerte, y la pobre humillada se escondía por las esquinas, clamando venganza, esperando su turno. "El que se ríe último míster, es el que mejor ríe mom", se repetía mientras anotaba en una libretita negra, el nombre de aquél que parecía estar disfrutando más de las celebraciones. Los disfraces siniestros característicos de esta fiesta, eran, sin que sus ciudadanos lo advirtieran, solo un prólogo para el inevitable fin, una llamada al cese de su pretendida inmortalidad, pese a sus alcohólicos esfuerzos de relegar a la tan temida amiga. Evitar su llegada era imposible, y ella lo sabía. Ofendida por el enorme esfuerzo yanqui de pretender olvidarla, afilaba sus uñas, y acechaba el menor descuido de los ahora felices mortales.

Finales de noviembre y Acción de Gracias. Representaciones teatrales de ingleses e indios disfrazados. Todos fraternalmente sentados ante una mesa agradeciendo a Dios por los dones otorgados, proclamando su amistad con un pueblo que luego habían casi exterminado. Un pavo tan grande como un cochinillo. La dificultad de meterlo en el horno, y que dos semanas más tarde lo seguíamos comiendo, siendo su sabor más exquisito que el primer día. Adornos variados para cada festividad que alegraban las casas con corazones, esqueletos, calabazas o pavos, y algún que otro angelito fugado, que harto de su encierro no esperaba la navidad para celebrar el momento. Y con tanta celebración, mis empachos. Tanto pavo, tanta golosina, chocolate y pasteles se revolucionaron un día, dentro mío y martirizaron a mi pobre familia americana a momentos, con incontrolables cargas de pedos minimizando las fragancias de las velas aromáticas, y aromas florales que adornaban su hogar exquisito hasta el más mínimo detalle. A pesar de este boicot intestinal, el calendario de festejos nacionales no sufrió ninguna alteración por parte mía, porque las ganas de disfrutar la experiencia pesaba más que cualquier dolencia gástrica.

Las demás fiestas eran aquellas que de repente surgían de improviso en las casas vacías de control paterno. Confiando en su suerte, ellos partían felices de "weekend", esperando volver a encontrar una casa intacta, a sus hijos libres de pecado, y con los deberes hechos, sin imaginarse que su dormitorio, al igual que el jardín, serían los lugares más preciados para nuestras exploraciones carnales, y su sótano, el fumadero dónde hacíamos cola para probar la yerba —decir Marihuana era improcedente por estar "out" entre los de nuestra generación—, beber cerveza, bailar como enajenados, y los más puercos eructar con descaro, e incluso a hablar entre eructos provocando el aplauso de sus amigos que veían en el acto, una proeza.

Las invitaciones a pueblos cercanos eran continuas y estos se engalanaban esperando nuestra llegada. Sorprendidos por el alboroto de risas y cantos que salían del típico bus escolar amarillo, su aletargada rutina se desperezaba rápidamente, más aún, al ver nuestra diversidad étnica. El recelo de un principio hacia los desconocidos, desaparecía, cuando comprobaban que a pesar de la diferencia, estos seres extraños también deseaban compartir el momento ofrecido. El grupo de estudiantes extranjeros recién llegado, aderezaba sus vidas rutinarias con risas fáciles, lenguas diferentes y saboreando hasta la saciedad todo lo que se les ofrecía, excursiones, juegos, charlas y por supuesto comida. El deseo de intercambio era mutuo. Nuestra espontaneidad por su simpatía, el sabor de nuestras comidas con especies por "hot dogs", costillas de cerdo adobadas, y maravillosos panecillos de maíz, nuestro inglés exóticamente pronunciado, por el suyo de John Wayne. La comunicación incluso a señas, nos aunaba a todos en una sola raza, la humana.

Cada uno de los pueblos que visitábamos, se empeñaban en hacernos bailar las típicas danzas del medio oeste de las que solíamos escaparnos si se podía. El Square Dance era una de las pocas cosas que no nos gustaba, y aún me pregunto si ese empeño por hacernos bailar no era si acaso por la diversión gratuita de observarnos las caras de idiotas que poníamos al no entender el dichoso baile. La voz ininteligible de un vaquero-cantante ordenando monótonamente lo que teníamos que hacer, nos hacía rotar en erráticos círculos agarrando y soltando manos de izquierda y derecha como robots con los cables cruzados y faltos de aceite en las coyunturas óseas. Los recintos se llenaban con los jóvenes del pueblo que, repantigados alrededor nuestro, nos miraban indolentemente mientras mascaban y escupían tabaco que les dejaba un borde negro sospechoso en la comisura de sus labios. Cuando nos hartábamos de dar el espectáculo, nos atrincherábamos tras unas enormes mesas llenas de brownies, puré de patatas, pollo frito y guisantes hervidos, sin límites a nuestra gula. Éramos una jauría de cachorrillos hambrientos que aún no habíamos escuchado hablar de la bulimia o la anorexia.

Según yo, ya había vivido mucho. Cincuenta chicos habíamos atravesado un país enorme, desde el lejano medio oeste hasta Nueva York, en otro autobús amarillo. "Country Road Take me Home", o "The Yellow Submarine" de los Beatles eran los himnos que nos acompañaba cuando llegábamos a pequeños pueblos de gente que muy pocas veces había visto un grupo de jóvenes tan raros como nosotros. Rubios gigantes del norte europeo, dos japoneses delgaduchos, verdaderos negros africanos, australianas guapas, alemanes simpáticos y dos jovencitas morenas hablando como cotorras, una chilena y yo. Más baile de cuáqueros, y más comida. Tenía entonces diecisiete recién cumplidos y bajo mis ojos todo brillaba con luz propia, yo incluida.

Finales de Enero 2008. El viernes 26 murió otra mujer de 54 años en Murcia, presuntamente apuñalada por su marido. Eso quizás ya no nos sorprenda. Su marido, su compañero, aquél a quién le juró amor eterno, y aquel que con carita de compromiso le dijo que la amaría toda su vida. Tras una discusión en el coche, José Vicente la apuñaló y luego la llevó de copiloto en un último y trágico trayecto hasta una comisaria. Muchos de los asesinos suelen deshacerse del cuerpo, escondiéndolo o tirándolo por un puente. Llevarla por lo tanto quizás fue hasta un detalle de parte del asesino.

Un hombre mata a su mujer en Murcia y se entrega con el cadáver en el coche. Llegó a la comisaría conduciendo su vehículo en el que había apuñalado a la víctima.

Murcia.

El hombre se entregó a la Policía en la noche del pasado viernes con el cadáver de su mujer en el coche con el que se desplazó a la Comisaria de Murcia. Se sospecha que el hombre, que está detenido, mató en el vehículo a la víctima con un puñal cuando el matrimonio regresaba a su casa, en la urbanización de Altorreal, en Molina de Segura, según las investigaciones preliminares.

Cuando me llegan estas noticias, no solo las leo o veo como cualquier común mortal lo haría. Años atrás, estas me dejaban rígida ante el televisor. A lo largo del día las volvía a escuchar y las absorbía, una y otra vez. Me alegraba de no formar parte de las estadísticas, y que quizás lo mío no era tan grave porque aún estaba viva. Estas noticias me siguen indignando pero esa perversión de sumergirme dentro de ellas, se va normalizando con el tiempo. Dicen que existen unas seis mil hendiduras en los pulmones, y que normalmente tres mil de ellas nunca se limpian, estas permanecen llenas de dióxido de carbono. Yo juraría que las tres mil ahora dejan correr un aire límpido, que hace a las otras tres mil funcionar a pleno pulmón. El negro carbón del miedo ha sido remplazado por aires nuevos. La punzada permanente bajo el pulmón, aquélla que me hacía meter el aire suavemente por la nariz para retenerlo cuidadosamente en el pecho por temor a que me perforase mi caja torácica, por fin ha desaparecido.

El primero de Febrero del 2008 comenzó con otro hombre intentando volar a su mujer con una explosión de gas. La casa que una vez lo cobijó se destrozaba, pero pese a todo la pobre mujer se salvó, y ahora hospitalizada curaba sus heridas físicas, añadidas a las que lleva en su alma, que no se las ve físicamente. Supurarán tanto unas como otras incansables y eternas. Al finalizar el mes serán catorce las mujeres que han muerto en manos de sus supuestos compañeros. El día 27 ha sido particularmente horrible. En ese día cuatro mujeres más han muerto. Una de las víctimas tenía dos denuncias hechas contra un hombre que tenía ya todo un historial delictivo. Su muerte estaba anunciada.

En el año 2007 se dictaron casi 4,700 sentencias por violencia sexista en España. De estas, cerca de 2,000 fueron absolutorias. La fiscal delegada contra la violencia sobre la mujer explica "se vuelve a dejar a la exclusiva voluntad de la víctima, la persecución del maltrato". Las voluntades de estas víctimas aparte de maleables son quebradizas cuando se ven solas en una comisaría.

—¡No vuelvas a pegarme, que juro que te denuncio! —dices con una voz que parece resuelta a ir corriendo a la próxima comisaria, o llamar a ese número que sale por el televisor, y que te indica que nadie tiene el derecho de poner una mano sobre ti. Pasan los minutos, y cuando una se tranquiliza, queda, algunas veces, sin fuerzas para hacer lo que amenazó de manera resuelta, y otras tantas solo siente tanto miedo que este la paraliza.

—¡Perdóname, perdóname, prometo que no volverá a suceder! —Aquel que hace un momento te pegaba está convencido de que no volverá a poner ni una pluma sobre ti, y vas y lo perdonas, encima lloras con él, dolida por los golpes y apenada por el dolor que él parece tener por haberte golpeado.

—¡Llama, qué esperas! —Grita con voz amenazadora y con ojos de los que salen dardos de odio— ¡Sabes que si lo haces, no tendrás dónde caerte muerta! —Esa voz que te amedrenta vuelve a cumplir con su objetivo, y te quedas en un rincón de tu casa, y te pones a limpiarla o a cocinar mecánicamente, buscando soluciones que las ves en tu mente como manchas negras sin pies ni cabeza.

Antes de la víctima número 11, en un febrero lluvioso, una vez finalizada mi faena tomé mi coche y me dirigía a casa escuchando la radio, cosa habitual en mí desde que había reaprendido a conducir para poder trabajar sin depender de las dictaduras del autobús. Cada vez que me subía al pequeño Fiat, era un acto de triunfo y de reivindicación de mi bien ganada independencia. Al otro lado de la emisora estaba una famosa periodista entrevistando a una mujer que contaba que aún tenía que pagar las deudas que su padre había contraído. Pagaba por un coche que en el 2005 pisó y mató a su madre. El padre había muerto en la cárcel, y ahora la hija tenía esa imposición económica que el asesino le dejaba como herencia. "Algo me queda por pagar", decía ella. Mientras la escucho, en otro lugar del país, una bestia de dos patas se dispone a atacar a otra mujer. La entrevista se interrumpe para dar la noticia de otra víctima de su marido, esa es la número once en el 2008. ¡El monstruo ha cobrado forma y se ha comido otra pieza! Un día antes otra mujer fue brutalmente golpeada por su marido. Sin embargo, y sabiendo lo que hay, aquella noche veo el telediario en un acto de masoquismo. Las noticias vienen cargadas de violencia como de costumbre, y salen las noticias del día anterior. Con ayer, en menos de 24 horas, no ha sido solo una, han sido dos las mujeres brutalmente golpeadas y otras dos las asesinadas.

—¡Por mucho que te diga que no volverá a hacerlo, no le creas; tú denuncia! —dice una frente a las cámaras de televisión. La cara está deformada por los golpes, y los ojos rodeados por dos grandes círculos negros violáceos, permiten entrever el brillo de unas lágrimas. Seguidamente, en otro escenario madrileño, ves que a la víctima número 10 la sacan en una camilla, y observas la cara de consternación de los vecinos. Ángel Romero ha tirado desde un 5º piso a su novia, la peruana Lucia Briceño de 20 años.

—No sabíamos que se estaban separando —casi susurra su joven vecina—. No teníamos idea que le pegara. —continúa otra mujer en la puerta del edificio donde la mujer trabajaba—. El marido, una vez cometido su crimen y no satisfecho con lo hecho, fue a gritarlo a sus compañeras de trabajo. Unos minutos más tarde, es detenido en la calle volviendo de la empresa de limpieza donde estaba empleada su ahora difunta esposa.

Otra más en la misma comunidad. Alertados los sanitarios llegaron al Nº1 de la calle del Niño Jesús. María Sagrario, de

46 años, yace con múltiples heridas por arma blanca, muerta. Ni el nombre de su calle tan simbólico para los cristianos, y que algunos utilizan como un talismán en forma de cruz con una cadena en el cuello, sirvió para protegerla de su agresor.

Dramas personales que se viven a diario y en la privacidad de un hogar. Algunos vecinos puede que lo sepan, o quizás no, pero nadie tiene idea de cómo actuar. Es un difícil proceso de introspección que cada individuo hace cuando uno de estos casos le toca de cerca. ¿Cómo debería reaccionar?, se preguntan. Sé que mi vecina, mi compañera de trabajo tiene la violencia alojada en su casa. Algún intento de aproximarse a aquella que aparenta normalidad, muere en el acto. El contacto con el entorno es superficial, así mismo las palabras que sin profundidad, se confunden en conversaciones banales. Sombras de mujeres que aparentan felicidad, tristes sonrisas en el trabajo y lágrimas contenidas en su alma, escondiendo el golpe tras una capa de maquillaje que cubre su infortunio. Para otros individuos el tema no apelará a su conciencia y no se molestarán en pensarlo. Quizás, insensiblemente se limiten a encogerse de hombros; suficientes problemas tienen en esta vida para liarse con otros que a ellos/as no les incuben.

El 14 de Febrero muere una casi niña. Marta del Castillo, se dice que el novio es celoso. Toma el cenicero, la mata y tira el cadáver al río. La sociedad se indigna, los padres destrozados no hallan el cadáver. Esta pareja, destrozada por la violencia, harán de esta búsqueda su propósito de vida, aunque sepan que su hija está muerta. Piden justicia.

JUVENTUD, DIVINA JUVENTUD

A los dieciocho años, con el título de bachiller, decidí convertirme en la reina del mambo. Me encantaba el baile y el romance. Comencé mi carrera universitaria. Los idiomas eran lo mío. La idea de poder charlar en diferentes lenguas y poder entender a la gente en su idioma me decidió por esta carrera. Aparte del poco esfuerzo que me suponía el estudiarlos, me dejaba el tiempo para fomentar las relaciones humanas durante los fines de semana en cenas, barbacoas y ahora las discotecas. Mis notas eran excelentes, pese a estar de nuevo enamorada, y con planes de casarme con un joven piloto de 25 años. Yo disfrutaba estudiando, aunque mi padre era de la idea de que con ser una buena secretaria y conseguir un "buen" marido me bastaba para mi futuro. Su lema era el de Schopenhauer, que decía que el hombre tenía que hacer muchas cosas bien, la mujer solo una y era la de elegir un marido. Y así comencé a reunir cosas en un enorme y precioso baúl con incrustaciones de nácar y plata. Mi abuela Ángela me ayudaba a llenarlo con costosos juegos de sábanas, manteles y toallas, al mismo tiempo que me escribía en su puño y letra un libro de cocina que me ayudaría a conquistar a mi hombre mimando su estómago.

—Niña, al hombre lo conquistas con un buen puchero. Este cuaderno tiene recetas baratas y ricas que he heredado de mi madre, y mi madre de la suya. Yo la escuchaba atentamente. La admiraba porque sabía que ella continuaba enamorada de mi abuelo que la dejó viuda cuando tenía 22 años, y casi podía dar fe que él la quiso de igual manera. Había leído los mensajes de amor que mi abuelo había bordado para ella en una prisión paraguaya, durante la guerra con aquél país. Estos pañuelitos y unas cartas eran el tesoro más cuidado por ella, y los guardaba en un álbum de fotos junto con los recuerdos de su boda.

—A ver, abuela... —mi tono de voz era suspicaz—. Si me quieren será por mí y no por mi forma de cocinar. ¿Cómo me dices eso si yo veo que cuando tú entras a la cocina es solo para ayudar a mamá Cicica? —Cecilia era el nombre de la cocinera que se transformó con el paso de los años y con nuestro cariño en "mamá Cicica". Así llamábamos a la mujer que durante 30 años ayudó a mi abuela en todos los quehaceres de la casa, y que incluso le había parido una nieta ilegítima, y mi madre una vez me confesó que hasta dos, pero que la segunda había nacido muerta. Josefina mi prima y ahora monja misionera, era la hermana que quise tener, y la sobrina que quizás mi madre no hubiera querido viniera al mundo, ya que le recordaba el comportamiento impropio de un hermano al que todo el mundo adoraba, incluida ella, pese a esos deslices insensatos. Un día, sin embargo, sus pecados le pasaron factura y se llevaron a mi guapo tío violentamente a la tumba.

La última amante que tuvo, despechada, se encargó de saldar cuentas con las hormonas desvergonzadas del hombre y lo mató a sangre fría al saberse abandonada. Mi tío viajaba a México dónde haría una carrera brillante en una compañía multinacional, y Margarita Sánchez no quiso verlo partir sin ella. Recuerdo los llantos de mi abuela y mi madre abrazándose una a la otra formando un círculo doloroso dónde antes había un triángulo lleno de alegría. Los demás las miraban acongojados, yo desde la cocina estiraba mi cabeza, partida virtualmente por dos coletas, que tiraban mis ojos hacia los lados de mi cara en plan asiático. Y así de media lunas pasaron a dos interrogantes. Aguzaron su sentido e intentaron comprender la angustia de una muerte inesperada. ¡Jamás había visto las lágrimas de mi madre, o las de mi abuela! Su llanto pesado olía a perfume de flores marchitas que impregnaban agrias los recintos de la casa en forma de coronas. El escándalo de los gemidos rompía las esquinas impolutas que mamá Cicica limpiaba todas las mañanas, y mi asombro ante ese dolor me dejó muda todo un día. Luego todo volvió a su rutina. Años más tarde, cuando jovencita, me explicaron los sucesos sangrientos de aquel día. Mi comprensión del sufrimiento de ese momento engranó luego cuando adulta como un rompecabezas, a una tragedia que yo ignoraba llegaría un día y sacudiría mi vida. La violencia dejaba sus cicatrices, y quizás nos predisponía a que surgieran otras en un futuro. ¿Era un karma anunciado? Aún no tengo la respuesta a mi pregunta. Como niña me angustiaron esos sollozos que no cesaron aquél día, y se perpetuaron en mi pobre abuela. Éramos vulnerables, mi madre y abuela parecían destrozadas.

Para mí, el principal ingrediente en todo ese momento fue el miedo, ese que sin pedir permiso me hacía doler mi pequeño corazón.

—Bueno, bueno, si tu abuelo no hubiera sido tan tonto de haber vuelto de Europa para irse a una guerra contra los paraguayos que lo mató de una tuberculosis, yo quizás seguiría cocinando —soslayaba el tema del abuelo, y volvía a lo que yo debía hacer para llegar a ser una buena esposa, añadiendo—. Yo que tú pensaría en inscribirme a algunas clases de cocina.

—Sí, abuela. —movía mi cabeza afirmativamente pero sin convencimiento. Lo que más me interesaba en ese momento era un cursillo práctico de barman. Los cócteles de frutas exóticas y licores de colores etéreos eran más fascinantes que un buen picante criollo de pollo. A mis amigos les encantaban cuando venían a casa con sus guitarras cada sábado. Cantábamos semiebrios, y otros ebrios del todo, al borde de la piscina de mi casa, a las cuatro en punto de la tarde hasta bien entrada la noche, haciendo hora para rematar la guitarreada en la discoteca de moda. Disimulábamos muy bien ante mis padres, que no se enteraban de cuánto alcohol ingeríamos, y del cóctel pasábamos rápidamente a la cerveza que entraba a raudales camuflada en las bolsas de hielo, y alguna botella de Singani barato, tan fuerte como el alcohol de quemar, escondida en alguna chaqueta.

Mi supuesto novio decidió aprender inglés en Nueva Orleans, y se fue corriendo creo asustado por mi determinación de cambiar su estado civil en la mejor etapa de su vida. Las cartas de amor llegaban llenas de pasión y con promesas de felicidad eterna. La mías iban perfumadas y con alguna lágrima incluida manchando mi letra Palmer, que ahora me servía para embellecer un epistolario que se volvía endeble con el paso del tiempo. El amor se fue al carajo cuando pasaron tres meses, y me contaron que mi pretendiente, cuyo inglés seguía siendo nulo, no tenía fecha fija de llegada, y que una japonesa le hacía compañía. Decidí dulcificar mi espera, y encontré un sustituto más guapo y tan divertido como el que no terminaba de llegar de Norteamérica. Otro piloto, que acabó con mis ganas de casarme tan solo con besarme una noche de luna llena. Mi fidelidad había sido tan acorde como la suya. Con el ego destrozado que deseaba venganza, mi joven enamorado llegó a los seis meses como si no hubiera pasado nada y me volvió a jurar amor y matrimonio. Sin embargo en su mente, aparte de su decisión de estar conmigo, la tenía con otras dos más e hizo que mi traición la pagara a cómodas cuotas, y así derramé mis primeras lágrimas por el desamor de un hombre. Me acuerdo como estas corrían amargas por mi cara, mi vestido maravilloso de Año Nuevo y yo sentada en el bordillo de la acera arrepintiéndome de la decisión de haber dejado al piloto más guapo por este que ahora con un extraño brillo de resentimiento en su mirada, me intentaba desgarrar el alma. La lealtad parecía ser solo atributo femenino. Sus infidelidades en el extranjero no contaban, y sí su imagen entre nuestro amigos. En alguna borrachera de viernes de soltero, una tradición típica de los hombres de nuestro país, le gritaron ¡pobre cornudo! Según él "con esa vergüenza no podría jamás levantar cabeza" y que "no había nacido para pelotudo". No estoy segura del todo si esto se lo inventó para justificar sus veleidades románticas con otras, pero sí consiguió avergonzarme por un tiempo. Venganza era su nuevo nombre, como el título de una película de Clint Eastwood, y yo la que debía saborear cada sílaba de esa palabra. Por suerte, mis ganas de vivir en libertad eran más fuertes que el daño que se me quería hacer, y salí casi indemne de la experiencia.

—Esta es la Embajada de Los Estados Unidos —mi madre tenía las cejas levantadas, y la boca en una "o" de asombro—. Su hija ha ganado una de las becas más prestigiosas de las Naciones Unidas. La beca Fullbright, y ha sido aceptada en una de las mejores universidades de mujeres en Los Estados Unidos y de Nueva Inglaterra: Mount Holyoke College. El embajador quiere felicitarla porque es algo que no sucedía en años en el país.

—¡Mamá, yo ya he decidido que quiero ser azafata de vuelo! —Me había olvidado totalmente del examen que había dado hace un año ante una convocatoria de las Naciones Unidas para ayudar a los estudiantes del Tercer Mundo—. ¡Acabo de firmar mi contrato y ya he volado con la compañía y me encanta...!

—Bueno, si eso has decidido y crees que no tienes capacidad para más, yo no voy a insistir —su voz sonó en un tono desinteresado, como si el tema no tuviera trascendencia—. Capacidad la tengo y me sobra —solté, y luego añadí exasperada—. Universidad de mujeres lo que debe ser es un convento. ¡Quién quiere ir a un lugar sin hombres! Últimamente estaba siempre enamorada, y con mi corta experiencia volando, mi traje azul y un pañuelo en el cuello a juego que flotaba en el aire cuando bajaba por las escaleras del avión, sentía que me proponían ir a una prisión de extraterrestres de un solo sexo.

—No estaría mal que te lo pensaras —concluyó mi madre—. Oportunidades así solo se presentan una vez en la vida, y yo sé que tú no eres tan tonta como me lo estás pareciendo en estos momentos.

La fatalidad jugó su carta. El que nunca llegó a ser mi marido murió en un accidente de avioneta que pertenecía a un ministro del interior corrupto como la mayoría de políticos de los países latinoamericanos. La avioneta explotó con una bomba cuando esta alzaba vuelo. Cayó otro avión de la aerolínea para la que yo trabajaba, muriendo otros amigos pilotos y todos sus pasajeros. El padre de una amiga se accidentó en otro cacharro aéreo, salvándose de milagro ¡Todo en la semana en la que yo debía decidir en quedarme de azafata o irme a ese lugar lleno de mujeres del que se hablaba maravillas! Mi pena por la muerte de aquél chico que una vez me propuso matrimonio, y al que quise sin remilgos, más algo de miedo metido en el cuerpo, contribuyeron en mi decisión de lanzarme al norte, en un vuelo donde yo viajaba de pasajera, sin pensar en un retorno. Tenía 20 años y sentía que ya había vivido unos 40 más.

Marzo 2008. Día 12. Hoy condenan a 27 años a un hombre por violar y asesinar a una anciana de 82 años y una multa de 180 euros por robarle un cordón de oro. La anciana con Síndrome de Diógenes decidió acoger a su asesino para que la ayudara en los quehaceres de su casa. Lo que me sorprende de este caso es la edad de la mujer, aunque se sabe que la violencia y el maltrato que se ceba sobre nosotras no tienen una edad establecida, y este caso no rompe con la excepción. Al día siguiente, en las Palmas de Gran Canarias, otro hombre entra al dormitorio conyugal gritando que quiere mantener relaciones sexuales. Ella se niega. "No", la palabra provoca inmediatamente una respuesta "¡Es tu obligación!". No le importa que un par de ojos infantiles lo miren asustados. Es su hijo pequeño. La coge por los pelos, la inmoviliza y la intenta penetrar. La falta de erección lo enfurece más; frustrado la muerde dieciséis veces y la golpea contra la mesilla de noche provocándole un traumatismo craneal que requerirá luego de una sutura. Ella logra llamar a la guardia civil, que acude presta encontrándola en una habitación a oscuras abrazada a sus dos pequeños y con un cuchillo en la mano. "¡Si te acercas te mato!", grita ella. No existe una cronología determinada para estos sucesos, pero muchas veces nos encontramos con dos y hasta cuatro sucesos de maltrato seguidos en un mismo día, o semana. Esta apreciación es solo mía, por lo tanto solo la someto a una observación simple, y me pregunto: "¿Puede que esos días, dónde tanta mujer muere, sean de luna llena que saca a los descerebrados de quicio, y en vez de ponerse a aullar a la noche, tienen que matar a sus mujeres?"

Marzo 25, siete de la mañana. Un hombre pasea por el parque de Prodolongo, en el madrileño distrito de Usera. Es un lugar cercano al Hospital 12 de Octubre. El parque no es un lugar ajeno a los hechos violentos. En Mayo 2004 ahí mismo, fue degollada una joven de 17 años. Un colombiano de 39 años asesinado a tiros, y ahora yace Nora Felisa Rojas, de 47 años, de nacionalidad boliviana, muerta por asfixia y con traumatismos en la cara. Al siguiente día, en Olivar de Baeza, se encuentra el cadáver de una mujer joven semidesnuda con signos de violencia. En el mismo día en Palencia, una mujer de 50 años flota en el río Carrión.

La víctima número 19 se encuentra en el bar Lisboa, de Ciudad Rodrigo (Salamanca). Es mediodía de un domingo. El mes termina y son escasas las semanas que ella, 46 años, comenzó a regentar un bar. Su compañero sentimental de 64 años, entra y dispara a quemarropa. La víctima que es marroquí, muere dejando dos niños huérfanos. El 40% de las muertas en el 2007 fueron extranjeras, sin embargo esta cifra aumentará a 52% el año 2008.

EL SEGUNDO TRIENIO
DEL 2008

Las víctimas por malos tratos siguen goteando, como el agua que deja este mes de Abril. La muerte de mujeres en manos de hombres tampoco disminuye. Este mes, día 4, José Joselero se enfrenta a una petición del fiscal de 16 años de prisión. Violó a la novia y la persiguió armado con una botella, mientras ella desnuda corría a casa de sus vecinos para refugiarse del agresor. En el mismo día detienen a un hombre por abusar sexualmente de una mujer cuando le hacía una prueba de trabajo. La llamó por teléfono tras leer el anuncio que esta puso. El intento del abuso fue frustrado porque la mujer pudo escapar. Mientras en otro Juzgado un fiscal pide 9 años para un individuo que secuestró a la novia, la golpeó e intentó violarla.

Yulisa Antonia Pérez, de la República Dominicana murió hace 5 meses. Hoy día 8 de Abril es portada de nuevo de los titulares de los informativos. Han encontrado a su asesino. Su cadáver fue hallado atado y semienterrado en un camino de tierra que conduce al vertedero municipal de Arrecife.

No tiene signos de violencia sexual ni maltrato, por lo que se apunta la asfixia. Son cinco días de búsqueda en la que el padrastro no participa. Él se queda tranquilo en el piso que comparte con la madre de la joven de 18 años. El barrio de Los Geranios está indignado, lo intentan linchar en varias ocasiones. El cuerpo de la joven fue transportado en el coche por el padrastro, un portugués Antonio Luis Ferreira Machado. Antonio, conocido como "el portugués", albañil de profesión, era el único sospechoso. La madre que ya no vive con él, dice "por fin se hará justicia". Al día siguiente detienen a tres jóvenes de 17 años en Santanyi (Mallorca), sospechosos de violar a una menor de 13 años.

Solo han pasado diez días. Un hombre marroquí está sentado en un banquillo enfrentándose a una pena de 20 años de cárcel. Rachid Bernis sonríe a las cámaras, su odio es más fuerte que el saber que deja sus cuatro hijos abandonados a su suerte, uno con una grave minusvalía. Este no solo no se arrepiente de haber matado a su mujer, sino que incluso lo justifica diciendo que ella lo engañaba con otro hombre. Esperó en una parada de autobús donde sabía Noura se bajaba (un poco más lejos el hijo en común de 9 años también espera a su madre). Ni bien la ve acude al encuentro de la mujer con un cuchillo de cocina y la apuñala 5 veces. En la última puñalada el cuchillo alcanza el corazón. El asesino remata a la víctima cuando ella yace en el suelo y de espaldas. Huye con el niño que no ha sido testigo de la agresión, y permanecen cuatro días escondidos en un piso que su hermana había alquilado esa misma mañana. Lo denuncia una vecina que lo ha reconocido por una foto publicada en la prensa. Declaró que su intención no era la de matarla, solo quería desfigurarla por su infidelidad. Una invención suya según amigos de la pareja. Noura lo había denunciado varias veces por maltrato. Días antes de su muerte, se le propuso que abandonara su vivienda y que fuera a una casa de mujeres maltratadas. Ella, temiendo perder a sus hijos si dejaba el hogar conyugal, se negó a hacerlo.

Un estudio realizado por Miguel Lorente, médico forense, sobre 149 sentencias dictadas entre 2001 y 2006, dice que los datos dibujan un perfil tipo del agresor extremadamente violento que actúa con premeditación y con plena conciencia de lo que hace. La sonrisa de Rachid ante las cámaras y el desenlace me confirman lo expuesto. Todos los seres humanos tenemos la capacidad de convertirnos en seres violentos, pero en algunos el embrión de la violencia ya está desarrollado. ¿Cómo podemos aplacar la ira del agresor? ¿Cómo podemos apaciguar la voracidad del monstruo? ¿Por qué y cómo alimentamos esa ira que en vez de seres humanos nos transforma en seres sin voluntad? ¿Dónde queda la capacidad de tomar decisiones que nos permitan salir de esos pozos de miedo y tristeza? El miedo aumenta el poder de aquel que maltrata, y este vive a través de ese sentimiento que paraliza a la víctima, para apropiarse de nuestra voluntad como un parásito que solo vive cuando nosotras lo intentamos hacer.

El día 15 en un nuevo ministerio al que le han puesto el nombre de Igualdad, Bibiana Aido, una joven Ministro del estado español dice que la tarea más urgente de esta oficina es la de proteger a las víctimas de la violencia machista, y lograr el aislamiento social del agresor. "Que el dolor de tantas mujeres sea el dolor de toda la sociedad". Todas las historias sobre la violencia y maltrato hieren la sensibilidad de cualquiera que tenga un mínimo de conciencia. Son historias duras sobre individuos y sus víctimas que se repiten a diario por todo el planeta. Un dolor tan fuerte que ningún humano podría sobrellevar el peso de tanta angustia. Un dolor que es intolerable en los que creemos en la igualdad de sexo y derechos, y que hace temblar los cimientos del mismo núcleo social, la familia.

Estaba frente a la supuesta cárcel de mujeres. Mount Holyoke College se alzaba misteriosa ante mis ojos. Unas puertas enormes de hierro forjado sin cercas me esperaban abiertas. Mujeres, cientos de ellas, como abejas hacendosas pululando por su panal. Edificios majestuosos cubiertos de hiedra, en medio de unos jardines maravillosos rodeados por lagos, y en uno de estos, una pequeña celda que me acogería un año, y si estudiaba, quizás dos para sacar mi licenciatura. Una mujer joven y fuerte se acercó para ayudarme con una maleta que se arrastraba lastimosa por el suelo. La tomó al vuelo, y la subió a mi cuarto con una sonrisa feliz de bienvenida. Me quedé sola. No le había entendido ni jota. Empecé a sacar mi ropa, colgué mis vestidos largos de fiesta en un rincón del armario con la esperanza de que algún día los llegara a usar. Esperaba tener amigos para hacerlo. Llegó el fin de semana. La música a tope y mil mujeres enfundadas en vaqueros y zapatillas salían a divertirse, y otras mil las mirábamos desde nuestras habitaciones. Me di cuenta entonces que mi vestuario festivo se apolillaría, y que mis zapatos de tacones solo servirían de refugio a las arañas. Sola en mi habitación aún no había conocido a nadie. Todas muy ocupadas en hacer lo suyo, parecían ya conocerse entre ellas. Las risas felices interrumpían la música de una pequeña radio despertador que yo me empeñaba en sintonizar para tapar el sonido del potente equipo de música que mi vecina poseía. Es más, por el dintel de su puerta unos brillos intermitentes se escapaban para chisporrotear alegres por las paredes desnudas del espacioso pasillo del dormitorio, revelando una bola luminosa que dando vueltas, salpicaba destellos furtivos por el suelo como los de una discoteca. Este detalle aumentaba más mi infelicidad, pues me imaginaba a mis amigos en el otro hemisferio bailando sin importarles mi ausencia.

A través de la pequeña ventana de mi habitación sin vista al maravilloso lago, veía un espacioso lugar de estacionamiento al que como a una romería, acudían muchachas en caravanas repletas de enseres para decorar sus cuartos. Televisores, muebles, cortinas y todo lo necesario e innecesario para hacer de las habitaciones un lugar muy parecido al que tenían en casa. Me armé de valor y bajé a la recepción. En mi pecho llevaba el letrero "busco una amiga" y otro "maldito el momento en que se me ha ocurrido venir aquí". Las mujeres y algún que otro hombre pasaban por mi lado, nadie notaba mi presencia. Mi invisibilidad me ayudó a moverme con soltura por toda la universidad. El lugar era parecido a un cuento y yo mimetizada en un duende recorrí todo el campus. Hablaban todos entre todos menos conmigo. Agotada de deambular toda la mañana, me deslicé hacia mi nueva casa al otro lado del lago. Entré y en un rincón de la recepción, en una pizarra de corcho visualicé de pronto una lista llena de los nombres de las chicas destinadas a compartir el techo conmigo, y entre tanto nombre, encontré uno que llevaba entre paréntesis el de Ayudante del Departamento de Alemán, con el número de habitación en el mismo pasillo que el mío, solo que al otro extremo. Ahí estaba Antonia, la hija del embajador alemán en Japón. Armándome de valor golpeé a su puerta y encontré a dos mujeres mirándome con curiosidad.

—¡Hola!.. —musité con timidez—. No conozco a nadie, y no sé si les importa estar conmigo, si es que se hace algo esta noche…

—Por supuesto que no —me contestó una mulata de ojos verdes, con acento francés—. Nos preparamos para ir a una fiesta en una fraternidad de la Universidad de Amherst. Vienes con nosotras, ¿verdad? —Miró a Antonia, y ella asintió con un movimiento de cabeza.

—No sé lo que podemos encontrar pero todas las chicas se preparan para ir allá. ¿Te apetece? —y, extendiendo su mano añadió sonriendo—. Soy Claire, de Martinica, vengo con una beca de la Sorbona para especializarme en Literatura Inglesa. Suspiré aliviada, por fin encontraba a dos mujeres en las mismas condiciones, la de becarias. Un autobús, y al final de un trayecto de quince minutos, en el que la música nos ayudó a encontrar el camino, y llegamos a una calle con varias casas en una hilera, desafiándose cada cual a ser la más ruidosa de las fraternidades. Un letrero con signos indistintos del alfabeto griegos en el frontis, y todas sin excepción con unos dos o tres barriles de cerveza en el jardín. Las majestuosas edificaciones se alzaban desafiantes como anunciando una guerra. Nosotras, tres valientes, resoplando ante una turba de desquiciados que lanzaban tomates a las chicas que se atrevían a meter las narices ante las puertas de tan horrible guarida de salvajes, nos retiramos indignadas, sin dar batalla. Íbamos calladas pensando en lo difícil que podría ser el conocer a alguien normal, si las circunstancias eran así cada fin de semana. La zona parecía bombardeada. A lo largo de la calle, como municiones sin pólvora, yacían vasos acartonados y botellas vacías sin una gota dentro que avalara la presencia de alcohol. Dentro las fraternidades, y fuera en sus jardines entraban hordas de hombres y mujeres que gritaban, reían, bebían y más que bailar saltaban hasta el desmayo. Ante nuestro desamparo, de pronto apareció el autobús que nos llevaría de vuelta al que era ahora nuestro hogar. Suspiramos y mi dormitorio de pronto dejó de parecerme inhóspito. La suave brisa de Septiembre me envolvió dulcemente, y a lo lejos vislumbré una luna sin sombras; eran las esferas del reloj de la biblioteca, que alumbraba mi camino hacia Prospect Hall.

De querer estudiar Sociología pase a estudiar Ciencias Políticas; el entusiasmo de una profesora, que más que mujer parecía un hombre viejo, me subyugó. Jamás la vi usar un vestido. Enfundada en unos vaqueros desgastados, y con una cara surcada de arrugas que nunca había tocado una gota de maquillaje, asaltaba con su magnetismo y sabiduría nuestras mentes, y terminábamos la hora de teoría política pensando que aunque no podríamos solucionar los problemas del mundo, teníamos todo el derecho en intentarlo. Gracias a Miss Grossholtz, graduada de M.I.T., me visualicé como una diplomática con la necesidad de ayudar a mi país al que mucha falta creía yo le hacía el hacerse sentir en los semi-inútiles foros internacionales. Un pobre país sudamericano en maltrechas relaciones internacionales con sus vecinos que sufría la perenne indiferencia de los poderosos. Para estos últimos no éramos una nación, sino una anécdota geográfica, conocido tan solo por sus golpes de estado, la muerte del Che, y la de dos forajidos cowboys, Butch Cassity y Sundance Kid, que murieron en manos de todo un ejército cuando se atrevieron a asaltar un banco en nuestras tierras, al estilo lejano oeste. Terminada la carrera descubriría, a mi pesar, que las enseñanzas de mi sabia profesora debieron haber sido tomadas al pie de la letra, y que el toque de mi positivismo que yo añadí de mi cosecha, desvirtuó su ruda objetividad. Caro pagaría ese mi toque idealista, ya que una vez en casa, mi decepción sería mayúscula al querer enfrentarme a una sociedad viciada por una corrupción fuertemente enraizada. La realidad me golpearía y yo vería luego todos mis ideales desmoronarse como un castillo de naipes en una base de arenas movedizas que engulló, hambrienta, todo el mazo sin dejar rastro. Pero eso aún faltaba por venir y yo empezaba a disfrutar de los momentos que el destino me había preparado.

No tardé mucho en adaptarme a la vida universitaria. Encontré que mis jóvenes vecinas estaban tan asustadas como yo. Habían pasado dos meses. El grupo de amigas se amplió, y al mismo tiempo descubrí profesores con unos curriculums envidiables, enseñando cursos inimaginables. Yo quería apuntarme a todos. Los vínculos femeninos se reforzaban al no tener mayor presencia masculina más que de algún profesor, guardias de seguridad, personal de servicio, y algún que otro estudiante un poco amedrentado por tanta mujer. Era nuestro reino. Disfrutábamos estudiando. Una sutil competencia femenina, sin agresiones, estimulaba nuestras neuronas. En nuestro tiempo libre reíamos y hablábamos sin coquetería, con naturalidad. Eso cambiaba al llegar el fin de semana cuando sacábamos nuestros vaqueros más estrechos para atacar las fraternidades o ser inundadas por cientos de jóvenes que al ver a tanta mujer, creían estar en el paraíso. Los primeros meses me convertí en una pequeña veleta, a la que no le bastaban los días. Tenía a mi disposición cinco universidades, una ilimitada variedad de cursos, y cientos de actividades interdisciplinarias. Las ofertas intelectuales como lúdicas me emborracharon hasta que decidí centrarme y adquirir una rutina con mi horario. Era el único modo que podría seguir estudiando y aprovechar con lo que se me otorgaba. Alguna vez las hormonas estallaban en pequeñas rebeliones, empero los hombres no tenían mayor preponderancia que la que nosotras queríamos darles. Muchos de nuestros fines de semana se convirtieron en sesiones de largas charlas y palomitas de maíz, helados, pizzas y mucho baile entre nosotras. La bola de cristales luminosos salió de su encierro y paso a brillar espléndida en todo el pasillo. Teresa, con una hermana que trabajaba en una productora muy famosa de discos, ponía la mejor música del campus a nuestra disposición. Se empeñó por enseñarnos a bailar como los negros solo lo saben y eso no era tarea fácil. Muchas veces lo único que nos interesaba era no tener coordinación alguna, tirarnos al suelo por solo poder hacerlo, y sentir la música con toda su intensidad y sin reglas.

Las copas de los árboles se transformaron en amarillas, rojas y doradas. Otoño en Nueva Inglaterra y yo de comenzar siendo un duende pasé a hada. Prendada por la naturaleza, encontré que esta me ofrecía una relación diferente de las que había tenido hasta ahora. Se hizo mi amiga y me ayudó a encontrar mi alma través de la reflexión. De los regalos que me dio, entre muchos, este fue uno de los más importantes de mi vida. La soledad no me asustaba porque mi compañía bastaba. Quería imprimir su esencia en mi alma, su imagen en mi corazón, y su benevolencia me lo permitió. Su belleza acompañaría luego en mis momentos de tristeza. Mis caminatas solitarias no buscaban rostros humanos ni escaparates de ropa. Con el paraíso en frente, me surgían preguntas existenciales inevitables "¿Qué me espera al final de este camino?", "¿Qué es lo que tengo que hacer?". Las respuestas ya estaban escritas en el tiempo, pero en esos instantes estas se volatilizaban en el murmullo suave del agua. Las hojas se movían al son de una música desconocida cuando sentían entre sus ramas el cosquilleo del viento. Su lenguaje era abstracto, y sin tratar de entenderlo me limité a disfrutar de lo que se me brindaba.

Segunda semana de Abril, han muerto dos mujeres más. Ambos asesinos tenían órdenes de alejamiento. Una de las víctimas, pese a la orden de alejamiento, se sube al coche de su maltratador y con ella su bebé que iba en su cochecito. Desciende luego la mujer y su bebé. Los atropella a ambos en total indefensión. Los telediarios luego anuncian este crimen, entrevistan a la familia de la víctima, a los vecinos. "¿Cómo se sintió cuando se enteró que su hija había sido atropellada por su ex marido?". Nunca dejan de asombrarme las preguntas estúpidas. Qué respuestas esperan ante tanta idiotez, algo así como: "¡Feliz! Ya era hora que la mataran por imbécil. ¡Mire que subir al coche del que tenía una orden de alejamiento por maltratarla, y con el bebé a cuestas!" ¿Cómo pueden sentirse los padres cuando han matado a su hijo? El dolor es evidente, como también la casi siempre estupefacción de los vecinos. Cuando se entrevista a los vecinos, la mayoría muestra cara de sorpresa y se limita a decir "Parecía una pareja feliz. Los veíamos siempre juntos haciendo la compra o recogiendo a sus hijos del colegio....". "Él era una buena persona, muy tranquilo. ¡Estamos tan sorprendidos!". Los medios de comunicación, luego, cuestionan los agujeros de la ley en sus intentos para suprimir el maltrato.

Día 10 del mismo mes. Sylvina es la víctima número 22, según algún periódico. Sylvina Bassani de 34 años, su nuevo compañero y el ex marido y maltratador han muerto. Este último los ha matado y luego se ha suicidado delante de su hijo de 4 años. A las 6:30, Javier LaCasa está frente a una valla de hierro forjado, las puertas por alguna oscura razón se abren y atraviesa un cuidado parterre lleno de flores. Andrés Marzal abre la puerta —no se sabe el motivo—, cae muerto por dos disparos, ya no puede defender a su pareja que está en la cocina. LaCasa dirige sus pasos hacia allí, mata a su ex mujer y llama a la policía. "Hay dos muertos y va a haber un tercero".

Hija de un conocido médico argentino, es una bioquímica de prestigio. Terminó sus estudios con honores Cum Laude y había decidido rehacer su vida con un teniente

Tinerfeño de 38 años. La primera denuncia la hizo un primero de septiembre del 2006. Un guardia civil de Daganzo de Arriba (Madrid) transcribió su historia. "Cuando estaba embarazada de 5 meses me dio un empujón y me tiro contra la pared". Esta mujer especialista en investigar el Sida, en febrero 2005 fue invitada a un congreso en Estados Unidos y él la hizo desistir de su idea. Su en ese entonces marido tiró el televisor, rompió la puerta, los muebles del dormitorio y al niño sobre la cama. Maltrataba al hijo de ambos mordiéndolo y pinchándolo con el tenedor, cuando este se negaba a comer. Si el pequeñín pedía agua, se la tiraba a la cara... El 28 de agosto anula las cuentas corrientes y la saca de su casa, no contento, el 1° de septiembre la llama por teléfono. "Tu madre es una hija de puta y una zorra como tu amiga Montse. Antes de darte el divorcio y de que hagas planes, te mato a ti y a toda tu familia". Desesperada trata de borrar sus huellas, deja su trabajo e incluso cambia de pueblo. Se ha dictado una orden de alejamiento de 500 metros para que él no se acerque a ellos. Empero cada 15 días Sylvina tiene que llevar a su hijo para que se encuentre con el padre. Las visitas son vigiladas por psicólogos y asistentes sociales que indican que no ven nada positivo para el niño en estas reuniones. Los abogados de ella presentan siete escritos en los que señalan la incompatibilidad de la orden de alejamiento con las visitas. Este hombre aprovecha una de estas visitas para seguirla y de esta manera averigua donde vive. Raja sus llantas en las puertas de su trabajo. Ella dice que lo ha visto y que también vigila su casa. El equipo de psicólogos del juzgado negó que hubiera maltrato y se rechazó el ingresar al militar a una prisión. La carpeta de Sylvina crió polvo 8 meses en el Juzgado N°5 de Torrejón. Una semana después de muerto se intentará juzgar al asesino por haber acuchillado las llantas de la ahora también muerta Sylvina. Ella, dicen sus amigos, estaba tan agradecida con España, que confiaba en la ley y creía que esta la protegería. El día 10, un pequeño llora solo en medio de un charco de sangre. Tres cadáveres lo rodean, uno de ellos es su madre y el otro su padre y asesino. Fuentes de la Delegación Especial del Gobierno contra la Violencia de Género, reconoce que algo ha fallado en el sistema.

La sobrecarga del Juzgado N° 5 de Torrejón se conocía desde el 2006. En el 2008 son 609 mujeres para una sola juez. Este juzgado soportaba un 146% más de casos de los que podía sumir. El personal era inestable e inexperto y carecía de medios fundamentales. En España y el mismo año, menos del 20% son tribunales especializados. El resto son juzgados mixtos o de instrucción que no pueden con la carga de trabajo y cuya actividad resulta "incompatible" con la protección de las víctimas por maltrato.

Algeciras, un hombre apuñala a su mujer a la altura de su vagina. Es la víctima número 23. Sigue siendo abril, y con abril la primavera, y con ella, destrozando su belleza, quizás el caso más deleznable en la historia reciente de los maltratos a mujeres fuera de las fronteras españolas, pero sí dentro de las de Europa. Es noticia un ser que por lo innombrable de sus acciones, solo se le puede llamar "El monstruo de Austria". Ha mantenido a una mujer —su hija— cautiva veinticuatro años en un sótano junto a tres de sus hijos engendrados por ella y este carcelero, su padre. Los detalles sobre tamaña atrocidad gastan la tinta de la prensa escrita. Declaraciones posteriores que este hace a través de su abogado dice que "lo de monstruo sobra", ya que si lo hubiera sido, habría matado a todos los que mantenía encerrados en su sótano evitando que el suceso saliera a la luz. Como preámbulo a esta tragedia, el día 16 en Ibiza se dicta prisión provisional para la mujer del detenido José Juan. SN permitió que este abusara de sus 4 hijas. La denuncia la hizo la mayor de las hijas, de 22, las otras tienen 15, 17 y 21. Ella relató que su progenitor abusó de ellas en varias ocasiones. La historia puede añadir otros dos monstruos más a la galería de crímenes contra las mujeres. A un hombre y a su mujer, la madre de sus hijas.

Los agresores no tienen una misma característica, no importa el poder económico, nivel social o cultural. El día 21 es condenado el "consuegro" de John Lennon por abusar de una niña en Mallorca. El autor de estos abusos sexuales tendrá que cumplir dos años de prisión por agredir a una niña de ocho años de edad. Se da la circunstancia que inicialmente este hombre fue condenado a 4 años de prisión no por un delito, sino por dos. Una sentencia consideraba que el hombre había abusado de dos hermanas. Por un defecto formal de condena, finalmente se reduce a dos años. Bayliss es empresario, posee una tienda de venta de productos de piel y cerca de esta, otra tienda. La pareja dueños de esta última son los padres de las dos pequeñas. Aprovechándose de la buena relación existente entre ellos abusa de las menores. Una semana más tarde se publica el desmentido del Señor Lennon. Su padre no tiene ninguna relación con este ciudadano británico, ya que él nunca se ha casado con la hija del acusado.

La sensación de horror ante cada uno de estos crímenes sigue siendo el mismo. La mujer ciertamente es un objeto de violencia constante. Los escenarios pueden variar, al igual que la clase social. El hogar, el trabajo, una calle, cualquier lugar sirve, pero en el ámbito doméstico existen una serie de factores con una cierta similitud. Según el forense Miguel Lorente, al que vuelvo a citar, existe un elemento común en más de la mitad de los casos. Golpes, por sofocación, estrangulación con manos o con cualquier objeto con el que se pueda hacer un lazo. Así murieron entre 1997 y 2004 al menos 79 mujeres. Demuestran mucha rabia, demasiada ira. Es una muerte lenta observada por el agresor. Las propias manos del agresor son un arma asesina, dice él, y yo añado que junto a sus manos, sus palabras, esos ojos que brillantes odian amenazantes, y por otro lado, la inseguridad y el terror de la víctima o víctimas si hay hijos. La furia extrema hace que los violentos utilicen las mismas palabras amenazantes, y también las mismas excusas que parecen salir de un recetario.

Día 24, un juez ordena prisión para un acusado de maltratar y vejar a su mujer durante 20 años. El acusado Abdelnazh G., ciudadano argelino de 50 años de edad, negó todas las imputaciones y dijo: "no soy agresivo", "tengo buen corazón", "yo soy el maltratado", "nunca he pegado a nadie". Indicó que procedía de una familia muy bien educada, negó los malos tratos a su mujer y a uno de sus hijos a quién encerró una noche en la caseta del perro. Negó haber propinado palizas a su esposa, romperle las costillas o golpearla con la fusta del caballo, arrojarle sopa hirviendo, obligarla a abortar o a ejercer la prostitución. Una noche este sujeto llevó en coche a su mujer desnuda y la amenazó para que se prostituyera. Desmintió también haberla rociado con gasolina y que hubiera intentado quemarla viva con un mechero.

—Yo estaba bajo su poder, era como un mando a distancia. Acataba sus órdenes sin rechistar. Me anulaba como persona... —declara ella—. Cinco días más tarde otra mujer denuncia 35 años de malos tratos. Las peleas han sido tantas que ha tenido que cambiar el mobiliario varias veces, "porque su marido tiene por costumbre romperlo cada vez que discute con ella". La mujer sufre de afonía crónica porque el detenido intentó asfixiarla. El último incidente fue cuando él comenzó a propinarle golpes, la mordió y amenazó con quemar la casa. Algunas veces el último incidente tiene como resultado la pérdida de vida de la víctima, o víctimas. Un informe correspondiente a 2008, destaca que solo un 20% de las 75 mujeres que fallecerán por violencia de género habían presentado una denuncia, frente al 36,5% del 2007. Las denuncias por maltrato han aumentado, pero es evidente que aún existe un gran grupo de mujeres que, aunque víctimas de maltrato, no son conscientes del peligro en que viven al no denunciar su agonía. El miedo de hacer una denuncia es más grande que el estar próxima a ser una más en la lista con un acta de defunción.

Existe un grupo de mujeres que no puede denunciar. Aquellas que sufren alguna minusvalía, y ciertamente las noticias que de vez en cuando salen pueden poner los pelos de punta. ¿Cómo puede alguien atreverse a hacer daño a un ser indefenso? Detienen a un hombre por violar a su madre enferma de Alzheimer. El presunto violador Antonio M.G, de 47 años, fue detenido el 23 de abril después que las enfermeras del geriátrico "Sol de Tardor" vieran el cuerpo de la mujer. Este presentaba inflamaciones anormales. La víctima de 81 años padecía de Alzheimer y sufrió un derrame cerebral que la dejó en un estado prácticamente vegetativo. El detenido solía ver a su madre a diario, y cuando hacia buen tiempo se la llevaba a pasar el día fuera. Nadie se atrevería a sospechar de un individuo que visita a su madre todos los días, y parece ser el ejemplo de lo que es el amor filial de un hijo a su madre. Es un 28 de abril en Málaga. José Juan, de 48 años es detenido como autor de un presunto delito de malos tratos en el ámbito familiar. La víctima, su propia madre invidente, de 80 años.

MAYO

En Murcia detienen al ex novio de Laura junto con otras dos personas. Laura ha sido asesinada. El hombre de 30 años y de origen ecuatoriano ya fue detenido por violencia doméstica el 22 de diciembre de 2007 contra la que ahora está muerta. El cuerpo de Laura fue hallado en una balsa de riego de Pilar de la Horadada, situada en las inmediaciones de la fábrica de aluminio donde él trabajaba. Estamos en el día 4, comenzando el mes y en Aloevera (Guadalajara), una mujer sufre cortes en el cuello hechos por su compañero sentimental, presunto autor de un homicidio en grado de tentativa. Curiosamente es el mismo lugar donde murió Sylvina una semana atrás.

Dos días más tarde se juzga a un hombre acusado de matar a puñaladas a su mujer en Madrid. Él dice que lo hizo "sin mala intención". En junio del 2006. Bernardo A.V. bebe en el bar al que suele ir, con otro hombre, el supuesto amante de Jacqueline, su mujer. Ella entra y se sorprende de verlo: "¿Acaso tú no estabas trabajando?" Suben a su piso, y en el curso de la pelea, el hombre provoca una serie de cortes a su mujer. Cuando el ambiente parece calmarse, Jacqueline se da la vuelta y Bernardo, dominicano de origen, coge el cuchillo de unos 10 centímetros de largo y se lo clava dos veces en la espalda, provocándole la muerte. La idea que ella esté con otro hombre, lo supera. La defensa aduce consumo habitual de alcohol para suavizar la pena.

El 13 de mayo detienen a un joven por maltratar a su novia de 16 años en Silla con el atenuante de drogadicción, y el de haber indemnizado a la novia. La pena se reduce de quince a cuatro años. La joven mantuvo una relación previa con el acusado un año atrás en la que hubo agresiones como patadas y puñetazos. Ella nunca puso una denuncia hasta el día 17 de marzo del 2008. Un día antes, él le ordena subirse a su coche. Le propina puñetazos en la cara y el vientre. Coge un atornillador y le advierte que "estrellará el coche con los dos dentro". La obliga a acompañarlo hasta su domicilio en Alcalá de Guadaira, donde la retiene hasta casi las seis de la mañana. Le arrebata una pulsera y un anillo y se va a comprar más droga. La relación había terminado en febrero de 2007. A partir de aquél día, el ahora ex novio la telefoneaba diariamente pidiéndole volver, a la vez que la aterrorizaba diciendo que "era de él o de nadie" y que la rajaría "como un melón y "quemaría la casa de su madre con toda la familia dentro". Un año y un mes más tarde, ella decide denunciarlo. Sus dieciséis años ya están marcados por la violencia de género que ciertamente dificultará el desarrollo de sus próximas relaciones afectivas porque ha perdido esa actitud sana que cualquier mujer debe tener en esta etapa de la vida. Mientras esta joven de dieciséis años decide denunciar a su acosador, tres días antes, el día diez, un hombre mata a su mujer en Jerez de la Frontera; él tiene 70 años y la mujer 63. A esta última le han cortado violentamente la vida. De poder disfrutar de esta etapa donde se recogen los frutos de lo ya vivido, a no poder contarla. Es su muerte la que ahora forma parte de una triste estadística como una víctima más de la violencia de género.

El día 18 de mayo un periódico local realiza una entrevista a Magdalena Guezal. Ella se encuentra bajo un programa de protección a la mujer y ahora posee una identidad nueva. Su marido está condenado a 9 años de prisión y Magdalena ya no lleva este nombre, sin embargo agradece la ayuda por haberla convertido en una superviviente. Los últimos doce meses ha vivido un verdadero infierno. Las palizas eran diarias, vejaciones, insultos y amenazas. En una ocasión él le tira encima dos garrafas de gasolina, y permanece un rato frente a ella con un mechero, diciendo que la va a quemar viva. En una entrevista le preguntan:

—¿Cómo se encuentra ahora que todo ha pasado?

—Estoy más tranquila, ya no tengo estrés que me producía el miedo, que me hacía saltar sólo con oír abrir la puerta o ver que él se levantaba por la mañana. Viví constantemente con miedo, durante cada día.

—¿Cómo aguantó tanto tiempo con su marido?

—Viví 23 años con él, y durante este tiempo quise ser honesta y fiel. Yo quería ser una mujer perfecta para mi marido, me casé completamente enamorada y cuando me maltrataba siempre creí que él podría cambiar. Creí que cambiaría cuando tuviéramos hijos pero no cambió. Una persona así nunca cambia. Con el tiempo me ha dominado tanto, me ha dado tanto miedo, que yo estaba completamente anulada. Iba siempre por la calle con la cabeza abajo, sólo ahora vuelvo a levantarla.

—¿Por qué no lo denunció antes?

—Yo siempre lo disculpaba. Cuando tenía marcas en la cara decía que me había caído de la escalera.

—¿Cómo recuerda ahora todos los años que pasó con su marido?

—Yo no sabía ni llorar. Me lo tragaba todo. Encerré el dolor dentro de mí porque si lloraba me pegaba más. Estaba tan acostumbrada al dolor que cuando di a luz a mi primer hijo, el médico se sorprendió de cómo aguantaba. Me dijo que nunca había visto a nadie así. Una se acostumbra al dolor, me afectaban más las palabras.

> *¡Hoy la he visto!*
> *¡Hoy la he visto y me ha mirado!*
> *¡Hoy el cielo y la tierra me sonríen!*
> *¡Hoy creo en Dios!*
>
> Gustavo Adolfo Bécquer

Gustavo Adolfo Bécquer y sus rimas. El poder de la palabra que cuando dulces acarician nuestros oídos. Rimas pensadas por el poeta y que puestas en nuestra boca suenan a propias, facilitando el trabajo a miles de enamorados que quieren expresar sus emociones y que a veces no saben cómo hacerlo. Sin embargo las palabras que Magdalena escuchaba eran otras, estas no acariciaban, más bien se rompían en miles de cristales oprimiendo su pecho cuando su sonido tocaba su oído. El dolor físico se convirtió en una costumbre, y las palabras de desprecio en 23 años de su vida marital eran inaguantables. La calle con el nombre del poeta de las dulces palabras, Gustavo Adolfo Bécquer en Sabadell, ha sido testigo de la muerte de otra mujer. Es día 20 de mayo, y Rosa ha muerto. Esa flor, regalo de muchos enamorados para simbolizar el amor, yace ahora al pie de una tumba, y dentro una mujer que lleva el nombre florido no podrá besar más a sus hijos. Un tiro de escopeta ha dejado a dos niños huérfanos. Un día antes había firmado su sentencia de divorcio y cambió la cerradura de la puerta de su casa. Nadie sabe cómo, pero él, que hace un día era su marido, entró y disparó su escopeta contra ella. Rosa muere, él intenta suicidarse. Ya tenemos la víctima número 24.

Seguimos en Cataluña. Un día después de haber muerto Rosa, hallan el cadáver de una mujer asesinada a puñaladas en un piso de Barcelona. La mujer, de origen boliviano, ha sido apuñalada cuatro veces en el piso Nº 234 de la Gran Vía de Les Corts Catalanas. Es el segundo caso en los dos últimos días en esta región.

Final del mes de mayo. El padrastro tira a la niña de 13 años por el balcón, intentando antes matarla con un machete.

JUNIO

Día 3, y la Audiencia Provincial de Cantabria condena a un agente de policía con tres delitos de violencia de género por agredir a su ex novia en septiembre del 2004, cuando estaba destinado en la Oficina de atención a mujeres maltratadas. Ese septiembre espera a su antigua novia con la que había terminado hace dos años. La obliga a subir al coche y ella accede porque él la amenaza con estrellar el coche contra ella. Llegan a un descampado, y el agente le propina varios puñetazos, la insulta y la intenta estrangular. A las once del día siguiente intenta entrar forzando la persiana de una ventana, la mujer le franquea la puerta de su casa. En el interior la golpea contra la pared ante la negativa de ella de no darle unas fotos y algunos efectos personales.

Juan José tendrá que cumplir 118 días de trabajo en beneficio de la comunidad y pagará una multa de 90 Euros. Un castigo leve para alguien que tenía como deber el de proteger a mujeres que sufren la violencia masculina sobre sus carnes.

Hoy entraba a la oficina de contabilidad de la empresa, y me tropecé con Susana, quien con una sonrisa me pregunta cómo va mi libro, yo le contesto que ahí va, que va tomando forma y que bla, bla, bla. Ella comenta que le encantaría que yo utilice su nombre para un personaje, que a ella no le importaría, yo le contesto que, bueno, que si puedo lo hago. Me pregunto cuál es la idea que ella tiene sobre el libro que yo intento escribir. Si Susana llegara a enterarse del tema, creo que se lo pensaría dos veces, y agradecería el no verse reflejada en él. Llevo unas tres semanas sin escribir, y estoy casi convencida de no querer hacerlo más.

Mi cabeza ha elucubrado múltiples actividades para evitar el momento, y sin quererlo, ni saberlo ahí va Susana, a la que ya he mencionado tres veces, y me da la sacudida necesaria para que yo vuelva a sentarme y haga el esfuerzo. Junio fue, hace más de 20 años, el mes en el que se me desdibujaron los sueños. La optimista Mary Poppins disfrazada de futura diplomática se esfumó, vestidos rasgados, maquillaje diluido por el agua de un río. Una violenta ráfaga se apoderó de su paraguas destrozándolo, y la gracilidad de su dulce ascenso se desmoronó tumbándola despatarrada contra el suelo. La creencia de que el hombre es bueno por naturaleza y la sociedad la que lo corrompe se deshizo en jirones de papel reciclado de texto universitario. Pertinaz, se acentuó la comprensión de que la maldad tiene naturaleza propia, ensombreciendo mi sonrisa de eterna ingenua. Idea que se me reafirma hoy cada vez que la violencia humana ataca a un ser inocente, aprovechándose con descaro para amargar mi alma. El dolor infligido aún persiste arrinconado, y con los años he podido superar esa intensidad. Me quema solo de cuando en cuando, soy consciente de que esa presencia me acechará hasta mi muerte, pero también sé que la he casi vencido porque sigo viva y puedo contarla. Son tan solo pequeños golpes de memoria, y no la eternidad que pensaba sería. Menos mal que en aquel entonces creí no podría con esa pena constante en mi joven corazón.

Mi lentitud para abordar el tema me hace ver que jamás lograré superar esos recuerdos de mi memoria, y pese a la intención de eliminarlos, estos saldrán a la luz algún día. Ahí quedan ellos, estancando mi mente, dispuestos a saltar al menor descuido mío e intentando paralizarme por otros veinte años.

Terminados mis estudios de Ciencias Políticas, aterricé en casa de mis padres con el deseo de cambiar el mundo y, como si pudiera hacerlo, me dirigí resuelta a la Escuela Nacional de Diplomacia, encontrándola cerrada por falta de presupuesto. Como el tiempo no era un problema a esa altura de mi vida, decidí intentarlo el siguiente año; total, tenía muchas cosas que hacer, y la única prisa era disfrutar lo máximo posible de mi tierra, mis amigos, y la comida de doña Cenaida, la mujer que había cuidado de mi crecimiento preparando inigualables sopas, guisos, picantes de pollo, pasteles de maíz dulce y aromáticos buñuelos remojados en miel de caña. Su gran corazón y su cocina rica en especias le impedían cocinar platos dietéticos. Mi gran apetito había aprovechado durante casi toda la vida de esta comida deliciosamente criolla, y ahora debido a los mitos de la estética famélica que poblaba las revistas de moda me obligaba a comer como un conejo.

—A los hombres no les gustan los pellejos. ¡Si estás linda! —decía ella mientras me ponía un plato casero, recién salido de la olla—. La alimentación norteamericana me había ablandado las carnes. Estas se estremecían gelatinosas cada vez que daba un paso. Mi cara había perdido sus ángulos, su redondez blanquecina se asemejaba al quesillo fresco de oveja que solíamos tener todos los días en casa para los almuerzos. Había vuelto a casa e intentaba volver a mi forma física original. Mi universidad en la costa de Nueva Inglaterra había contribuido no solo en mi cultura sino también en mi figura, ya que nuestras cenas y el concurso que se gastaban los chefs de los diferentes dormitorios para las fiestas que se celebraban, eran un espectáculo gastronómico para la vista y el paladar. San Valentín y Acción de Gracias entre tantas otras, me habían vuelto como una Madonna salida de un cuadro de Rubens. Las orgías de helados en platos soperos, pizzas gigantes y nuestros tours gastronómicos por Faneuil Hall en Boston, habían hecho un destrozo particular en mis caderas y pecho. La más feliz al verme fue mi abuela. ¡Por fin la niña había dejado de tener brazos como los muslos de un pollo desnutrido!

Termina el mes de junio. El día 21, en un ataque de celos mata un hombre de 67 años a su mujer. Toma el cuchillo de cocina. Dos van al abdomen y tres al corazón. El día 22, con un margen de pocas horas, otras dos mujeres fallecen asesinadas por sus respectivas parejas. Carcabuey (Córdoba) y Vilanova del Camí (Barcelona). Un día después una mujer boliviana de 28 años muere en el rellano de su casa en Madrid.

Escondido en las sombras, el marido de la misma nacionalidad la espera y saca un cuchillo, la apuñala hasta su muerte y huye. Este mes ha muerto casi una mujer por semana.

LOBO, LOBITO, ¿QUÉ ESTÁS HACIENDO?

Mi cabeza estaba llena de planes. Señores, me decía, voy a intentar cambiar al menos si no el mundo, mi mundo. Quería comerme todo el pastel. No el que mi madre o algunas amigas mías comían a las cuatro de la tarde, jugando al Rummy, o las empanadas de queso que me hacía Cenaida cada vez que yo intentaba hacer una dieta, como burlándose de mí y de mi falta de determinación.

Empecé a trabajar para el suplemento dominical del periódico más leído de la ciudad. Escribía y alguno me había dicho que me leía. Mis artículos llamaban la atención en ciertos temas sociales que yo creía debían ser cambiados. Ayudaba a un recién creado Departamento de Relaciones Internacionales en la universidad. Muchos fines de semanas me iba de retiro, que no tenían nada de espiritual, y mucho de política y alcohol. Como universitarios militantes de un partido de izquierda, formábamos a otros con inquietudes políticas deseando cambiar las injusticias establecidas por otras que se decía iban a funcionar. La Teología de la liberación se había hecho un espacio dentro de mí. Frei Betto, y Leonardo Boff se materializaban en mis pensamientos. El Evangelio del Cristo Cósmico y revolucionario ocupaba un lugar preferente en mi mesita de noche. Volvía a la lectura, esta vez comprometida sin costarle a mi padre ni un peso, porque había encontrado el gusto de ir a la biblioteca pública y a las librerías de libros usados.

Y así, un día, me encontré con el lobo. Había amanecido como de costumbre, el sol y los pájaros cantando por mi ventana. Pan con queso, un vaso de leche en el estómago y lista para ir a la biblioteca de Portales. Uno de mis pasatiempos favoritos era el explorar en la biblioteca pública de aquella antigua mansión. El bello palacete había pasado a manos estatales hace mucho. Lo construyó un minero al que el mundo llamó "el rey del estaño". Era uno de esos lugares de visita de los pocos turistas que llegaban a la ciudad y sede de algún acto o acontecimiento cultural que si tenía importancia, debía celebrarse allí. El día perfecto para ser aprovechado puesto que tenía mucho que investigar y escribir. El sol en lo alto y yo caminaba contenta con mi archivador en la mano.

—¿Señorita? —Un campesino se acerca respetuoso. De pie en una esquina, me mira angustioso.

—¿Si?

—¿Podrías ayudarme? Mi mujer está enferma, y se ha caído en un pozo y nadie me quiere ayudar —su voz suena desesperada.

—Dime qué puedo hacer por ti —miro alrededor, la calle está desierta y el hombre ha encontrado a alguien que está dispuesta a ayudarlo. Me alejo con él calle abajo. El mundo que quería cambiar, cambiaría para mí de la forma más cruel.

TRES AÑOS MÁS TARDE
DESPUÉS DE HABER EMPEZADO A ESCRIBIR
LO QUE PRETENDE SER UN LIBRO

Son tres años los que han pasado. Se ve que aún no he superado nada de lo que una vez creí lo estaba. Ha habido intentos de continuar una historia que no termina de salir de mi alma. Puedo sentir aún los resabios agrios de lo que me sigue manteniendo muda. Algunos gurús dicen que venimos a aprender en esta tierra. "Es solo cuestión de aprendizaje", dicen con voces de timbre inalterable que quizás da la sabiduría a fuerza de cantar los mantras. "Las lecciones que vienen y nos golpean con dureza son las que nos hacen fuertes" añaden. "Son lecciones, aprendizajes…" repiten con gran ceremonia, y uno les escucha y espera estén en lo cierto. He descubierto muy a mi pesar que yo soy una alumna muy lenta. El rencontrarme con ciertos sucesos que marcaron mi vida me hace creer que sigo en ese reaprendizaje que me impide continuar escribiendo. Me distraigo con lo que puedo, o se presta a distraerme. Insisto en cualquier cosa, todo con tal de evitar el momento de sobrepasar el desasosiego que aún

se me prende a los huesos, y se aferra a mi cerebro obscure-
ciendo mi mente. Me llama Sonia, mi amiga holandesa; me
habla de que todos somos partículas con un mismo destino,
el unirnos a Dios. Digo sí; y esa afirmación suena mecánica.
¿Puedo creer que todos somos UNO (como ella lo escribe)
interconectados con esa divina fuerza que se llama AMOR?
Nadie es capaz de darme una respuesta para ello, porque quizás íntimamente quisiera que alguna partícula se pierda en la
inmensidad del universo, no se acerque de nuevo a mi persona, y ni se atreva a tocarme un pelo.

Estoy viendo sus ojos de asombro en estos momentos.
Él me está mirando.

—¿Tanto me desprecias? —pregunta.

—Quizás cuando termine todo lo que tengo que escribir
y haya así desaparecido mi miedo... Quizás así... —le respon-
do mentalmente en una charla en la que solo tienen cabida un
fantasma y mis pensamientos.

¿Podré decir lo mismo que Sonia algún día? Todos somos
Uno, todos los que habitamos este planeta y los que dejamos
de habitar. Todos nos merecemos ese puesto al lado de Aquél
que nos ha permitido ser.

AÑO 2010

Y VUELVO A EMPRENDER LA DIFÍCIL TAREA
DE CONTINUAR LA HISTORIA DE NUNCA ACABAR

Irene y Walid parlotean alegremente y me uno a ellos. Hablamos sobre la situación de la mujer en el mundo árabe. El Islam y la mujer, el hombre árabe y sus costumbres. Nuestra charla es distendida en un amable diálogo que se prolonga hasta bien entrada la noche. Estoy en Marruecos, he cumplido uno de mis sueños. Nuestros amigos marroquíes nos muestran la milenaria Fez y me hacen vivir un sueño. Soy esa persona que se quedó leyendo las Mil y Una Noches. Esa joven que leía ávidamente esos cuentos que Scherezade hilvanaba cada noche, intentando salvarse. Su rey y esposo Harun Al Raschid, fascinado, no se atreve con la vida de aquella que lo mantiene entretenido cada noche. Noche tras noche, una historia tras otra, y sus días pasan con el suspiro, el de ella, de alivio al seguir conservando su cabeza sobre los hombros. Hablo y opino sin intentar cambiar las ideas de los demás, y los demás hacen lo mismo conmigo. Mi respeto y viceversa, otorgándome el suyo. En la grandeza de la palabra dicha en libertad, entra la comprensión de esa sensación. Todos podemos dialogar, respetarnos aunque no siempre estemos de acuerdo, y en el diálogo, la delicia del entendimiento.

Antes, la falta de respeto mutuo, y las ofensas habían sido dos monstruos imposibles de derribar y ocupaban un lugar preferencial en medio de mi relación con el padre de mi hijo. Estos quizás empezaron a materializarse con el primer golpe que me dio. Lloré incrédula al recibirlo. Insulté y me insultaron, grité y me gritaron. Pegué y me tumbaron. Es un juego de ping-pong en la que tu adversario siempre tira el remate final con tanta fuerza que una acaba recogiendo la pelota del suelo. ¡El golpe avisa, señoras! Y el juego nunca para hasta que una quiera.

A medida que pasa el tiempo sigo trabajando con mis fantasmas. Estos se presentan de forma inesperada. Alguna que otra noche surgen sombras que enturbian mis sueños. Perturbaciones ficticias para situaciones de fácil solución, pero que intentan interrumpir mi camino. Me observo desde una plataforma sutil extracorpórea, y me sorprenden muchas veces los matices despreocupados que mi voz desprende. Existe, también, otros momentos en los que me preocupo en demasía porque mi vida se desliza mansa por su curso, y me digo: "¡Huy, esto va demasiado bien para ser verdad! ¿dónde está la trampa?". Una vocecilla surge y gracias a Dios, responde: "todo está bien, olvida todo, perdona y disfruta de esta paz añorada".

Tomo las maletas, me voy a Nueva York. Visito a mi familia, respiro, me hielo caminado por Central Park, y rio.

Llego a casa. Entro, salgo y vuelvo a tomar otro avión. Estoy en Marruecos. Las Cármenes de mi vida siguen encantadas con mis viajes existenciales. Irene, mi joven amiga de esta etapa que no quiero decir la última porque vuelvo a revivir, viaja conmigo y llegamos al norte de África. Houda, nuestra pequeña y dulce compañera de trabajo marroquí, su sobrino Walid y su cuñado Said nos esperan en Melilla. Somos dos princesitas de las Mil y Una Noches, pero estas no tienen que contar ninguna historia para salvar sus cabezas. No tenemos que rendir cuentas a nadie. Los olores de especies continuamente activan nuestros paladares. Colores, paisajes musicales de tambores y flautas. Said, con sus maravillosos ojos verdes nos habla del Islam. ¡Dios es grande!

—Esto es increíble… increíble. La vida me está dando unos regalos… —digo alegremente.

Los ojos de Said relucen a través del retrovisor de su Cherokee y me sonríe.

—No es la vida la que te regala esto. Eres tú y tus condiciones.

—¿Yo y mis condiciones?

—Bien… La vida no te regala nada si tú no has puesto los ingredientes para que todo esto ocurra —responde Said, y yo me quedo mirando a la espectacular Fez de mis sueños infantiles.

La ciudad iluminada por la luz dorada del sol poniente me sonríe, y pienso: "¿Qué ingredientes tuve que poner para recibir muchos días de violencia durante veinte años?". Solo tenía la seguridad de uno de ellos, y el que más pesó en la balanza fue entre otros, el miedo.

Mi amigo sabio de Fez me está analizando. Detiene el coche y se vuelve para mirarme fijamente.

—Tus ojos brillan con una fuerza antigua, la luz de la experiencia. No, no me interpretes mal —se ríe, algo turbado—. Me refiero a tu alma, no a tu edad.

—¡Caray Said! No creía que hablarías de mi edad, pero aun así, es cierto… he vivido siglos. —suspiré. Respiraba a pleno pulmón. Agucé mi olfato y la esperanza me llegó con olor a canela y té verde con hierbabuena.

JULIO DEL 2008

Pamplona, es día 2. Un hombre maltrata a su mujer y la amenaza con un cuchillo. La mujer lesionada es trasladada a un Centro de Salud. Este incidente podría ser uno más entre tantos que vamos citando, pero la particularidad es que el día anterior la pareja estaba celebrando su boda. Ella se niega a poner una denuncia. Quizás, como muchas otras, se crea que este es y será el último incidente que vaya a sufrir. Se sabe por la experiencia y por las estadísticas que estos incidentes no son casi nunca aislados. Los spots publicitarios en contra de la violencia de la mujer te lo repiten: "Si te ha pegado una vez, lo volverá a hacer, una y otra vez".

La víctima sufría el "Síndrome de la mujer maltratada" y vivía completamente anulada por su esposo, quien amenazó con quemarla tras rociarla con gasolina, la obligó a hacer tríos, la insultó y agredió, creando un "Terrorismo de hogar". Son Ferrer - Calvía en Palma de Mallorca, el Diario de Baleares. En un apartado más abajo leo: "Condenan a hombre por siete años y medio por maltratar a su mujer durante veinte años".

"Terrorismo familiar" es otro apelativo que se da a la pesadilla que se vive en ciertas familias; ahora el maltratador o posible asesino es considerado un terrorista. Otro apelativo más para un malvado que ha perdido su conciencia entre los lamentos de una mujer.

Definición del Síndrome de la Mujer Maltratada, por Miguel Lorente Acosta, médico Forense en el Servicio de Justicia de Jaén:

"Es el conjunto de lesiones físicas y psíquicas resultantes de las agresiones repetidas llevadas a cabo por el hombre sobre su conyugue o mujer a la que estuviese o haya estado unido por análogas relaciones de afectividad.

Definición de Terrorista:
"Que practica actos de terrorismo".

Definición de Terrorismo:
"Es el uso sistemático del terror".

La libertad democrática que proclama la sociedad occidental es tan solo un espejismo, un convencimiento que a medida que pasa el tiempo se afianza más en mis creencias. De cada cuatro mujeres en Estados Unidos de América, una será víctima de una violación o habrá sufrido un intento de ser violada. Voy a resaltar estas definiciones en negrita para que adquieran una conciencia propia, se me graben en la mente, y sea como un radar y me ayude a distinguir al malo y sus coacciones que parecen ser casi las mismas en todos los casos de maltrato. No olvidar que el terrorismo doméstico tiene sus tentáculos extendidos por todos los estratos sociales, sin distinción de fronteras, y que se activa a cada instante, doblegando a millones de mujeres a seguir infravaloradas y aterrorizadas en lo que se considera la base de toda sociedad, la familia.

EL PASO DE PLUTÓN POR MI SIGNO, SEGÚN MI ASTRÓLOGA

Me habían violado. Desaparecí un día, quizás para que parezca más largo, veinticuatro horas, o catorce, da igual. El que iba a ser mi marido vino a recoger lo que quedaba de mí. Aún latía algo de vida en mi cuerpo, pero mi alma vagaba silenciosa por los cerros poblados de algarrobos enanos y polvorientos, cerca de una laguna que más parecía un charco pestilente de agua estancada. Mi mundo multicolor había desaparecido. Blanca y negra, mi película era monocromática de repente. Me acurruqué en sus brazos y él me besó el cabello.

—¡Solo quiero irme a casa! —me agarré a su cuello, sollozando.

—Ya está, mi reina, ya ha pasado. Su cara, cansada de haber estado buscándome, tenía el color de la cera. La mujer encargada de cuidar la entrada del lujoso "Country Club", me miraba con ojos de "que putada, pobre chica", mientras me extendía un vaso de agua que mi amigo Luis se lo quitaba cómo queriendo que nadie me tocara.

Luis y su novia me miraban incrédulos, mientras él jugueteaba con las llaves del coche haciéndolas sonar en un nervioso tintineo. "Te hemos buscado todo el día, y nadie sabía dónde estabas" decía Eugenia, la novia, casi en un murmullo. Nadie preguntaba, ninguno se atrevía. Mi boca con llagas, señales de deshidratación, no podía casi articular palabra. Solo repetía mecánicamente: "Quiero dormir, quiero mi cama". Las lágrimas se habían evaporado en mis mejillas, y solo quedaban su endeble rastro gris, ensuciándolas inmisericordes. Mis pensamientos volaban erráticos por encima de la garita de aquel Club de Campo al que había llegado desfallecida. "Quiero morir o desaparecer, que es lo mismo".

No sé si es Madonna (la cantante), o si ella lo ha copiado de alguien; en una entrevista afirma: "es mejor vivir un año como león, que cien como una oveja". Así empezó mi propia metamorfosis, con indistintas etapas; unas de oveja, con berreos baladíes, sin que nadie se atreviera acudir a mi encuentro. Otras de avestruz, intentando meter la cabeza en un hueco tan profundo que, alargando un poco el cuello, tocaba la masa ígnea del núcleo terrestre, y que prefería el pico chamuscado a tener que encararme con mi vida. Una pantera herida dando zarpazos al aire agrediendo al viento, que violento, me derrumbaba cuándo quería y yo no encontraba forma de asirme a la rama de un árbol o a la misma superficie terrestre para mantenerme de pie. Muchas, pero muchas veces fui un ratoncillo gris metido en su madriguera sin atreverme a mirar fuera, incluso sabiendo que un trozo de queso esperaba ser cogido con tan solo extender una pata. Alguna vez intenté ser una leona, pero no era fácil porque tan solo era la piel precariamente sujeta a mi cuello con hilos finos de seda y bajo este disfraz, el de cordero.

Ahora solo intento vivir como una mujer, con la niña y la anciana en armonía, como ese cuadro de Klimt dorado que me fascina. Hay días en que lo consigo, y aunque de repente me sale un animal cualquiera en los momentos menos oportunos, yo continúo en mi intento de ser tan solo eso, persona.

Julio día 11 2008, la ciudad de Yecla está conmocionada, y a estas alturas y con tanta violencia, yo había perdido la cuenta de cuántas mujeres han fallecido en manos de su pareja. Una mujer y sus dos hijos, de 6 y 9, mueren bajo el filo de un cuchillo. El asesino llama a la policía, y luego se suicida con un tiro de escopeta en la cabeza. Una vecina opina que se los veía jóvenes y normales "como podíamos ser tú o yo". Casi todos entramos en los límites de esa normalidad externa. La violencia es muchas veces solapada y anida oculta. Son historias de gente que parece normal hasta que lo deja de ser, da igual si el año es el 2008, el 2012, o el 2024. Adquirir una nueva conciencia sobre el no maltrato a la mujer tomará otros 500 años, y no lo digo yo, sino un estudio de las Naciones Unidas sobre este tema. Este es tan solo un intento de contar algo sobre las que ya no cuentan, ni pueden contar nada en esta vida, o quieren hacerlo y aún no han encontrado el cómo. Cuento lo mío porque, gracias a Dios, lo puedo hacer como un acto de remisión para mi alma.

Son ya 30 las mujeres, y seis los niños víctimas de la violencia familiar. Tres días antes del 11, cinco personas de un clan familiar son acusados de retener por la fuerza y durante dos meses en Centelles, Barcelona, a una joven de 19 años, a la que agredieron y violaron como venganza por haber roto con su novio.

AGOSTO EN EL 2008

En la parada del autobús cerca de donde trabajo me encuentro con Soraya, ella es marroquí. Detengo el coche, se sube fatigada. Ha tenido una larga jornada: "Una hora más como de costumbre" me dice con voz débil y los ojos apagados por el cansancio. Hablamos y me comenta sobre la sentencia y la solicitud de que se rebaje la pena de Rachid Bernis, el marroquí que mató el 10 de Abril a su mujer Noura, también de la misma nacionalidad.

—Incluso los buenos musulmanes, empiezan a matar a sus mujeres.

—Yo no sé si incluso son los buenos musulmanes, Soraya. Pero hasta este mes ya son 33 las mujeres que han muerto en este país —ella me mira sorprendida.

—¿Cómo? ¡No puede ser! ¿Tanta mujer?

—Sí, y tampoco sé si ya he perdido la cuenta al igual que los periódicos, que mencionan la cifra de 35. Me había quedado en el número 30.

Ella sigue con el tema de Noura. Su mayor pena son los hijos que han quedado huérfanos

—Ahora… —me mira con pesadumbre—. ¿Qué será de esos niños sin sus padres?

¡Tres mujeres han muerto este fin de semana de principios de agosto! Dos víctimas en Cataluña. El cadáver de una de ellas de Honduras, se lo encuentra en el maletero de un coche. El día 31 de Julio desaparece en Gijón una joven dominicana, y reaparece en el piso de su ex novio, ella desnuda y muerta, sobre la cama de él. Los números me van concordando, pero estos ya bailan en mi cuaderno y termina el mes y de repente saltan agresivos con 48 víctimas. El 8, del 8 del 2008 Un hombre de 85 años intenta arrojar por la ventana a su mujer de 83 años. 5 más 3 son 8. Este ha sido un acto reflejo de numerología por la singularidad de esa coincidencia. Es tan solo una anécdota frente al esfuerzo creo que valiente de seguir contando pequeñas historias tristes de futuros truncados, para continuar la misma operación con los números, que crueles, se irán sumando a 70 hasta el final del 2008. No resulta fácil hacerlo porque cada vida que ya no cuenta es un cúmulo de tristes anécdotas o trágicos actos. Lo sé, lo he vivido y el revivirlo es muy duro.

Llegué a España con el vientre hinchado. Era mi pequeño que ya tenía unos tres meses de estar dentro. Su concepción había sido maravillosa. Esa tarde en la selva bajo el calor abrasador del Amazonas pude vislumbrar cómo en la sagrada unión de un esperma y mi óvulo, una explosión de estrellas me dejaba aturdida. El cometa Haley se abrió paso entre mis piernas y noté extrañada que algo diferente había entrado en mi interior. La pequeña cama de hospital y mi lecho matrimonial por casi un año habían sido testigo de uno de los mayores milagros de la naturaleza, la creación de una vida, la de mi hijo. Las chicharras cantaron más fuerte que de costumbre y los mosquitos decidieron ese día darme una tregua y se abstuvieron de picarme.

Pasé los que serían los últimos Carnavales en la que había sido mi casa de toda la vida, preparando temerosa un viaje a lo desconocido. Unas tierras nuevas al otro lado del charco, una manera distinta de vida a la que yo había estado acostumbrada, y con un pequeño embrión dentro de mí que me convertiría en madre, y que no tenía idea de cómo iba a hacer para cuidarlo.

Aterricé un Marzo, el 21, precisamente un día antes del cumpleaños de la que sería mi sobrina, y que dejó de serlo dieciocho años más tarde de repente, por decisión propia o presionada por la familia. La misma fecha del cumpleaños de mi madre, que por suerte continúa siéndolo hasta que una de las dos decida que ya ha vivido lo suficiente y parta dejando este mundo. Veinte años más tarde, esa misma fecha sería el aniversario de la muerte del que fue mi marido y el padre de mi hijo, y esto último quedará escrito de por vida en mi memoria y en la de Manuel, el que estaba por nacer, y que aún no llevaba nombre alguno por esas fechas.

Mi cuñado y sus dos niños nos esperaban a la salida de la terminal. El más pequeño con un ramito de flores, la niña con un beso. Su madre en casa se había negado a venir porque la idea de nuestra llegada no le era muy simpática. Su matrimonio ya le estaba dando demasiados quebraderos de cabeza para tener a otros dos viviendo con ellos. Su sonrisa amarga señalaba que pronto dejaría de ser pariente y mujer del que era mi cuñado. El matrimonio estaba roto y nosotros, jóvenes y enamorados, viviríamos luego esa separación con angustia. La alegría de saber que un pequeñito venía en camino, sin embargo, minimizó el vivir un divorcio que aún no sería el nuestro. Mi vientre crecía y la inestabilidad del ambiente no ayudaba. Toda nuestra riqueza estaba en dos maletas, más un radio-cassette enorme que había sido mi compañero en la selva mientras "el doctorcito" (mi marido), mote cariñoso de sus pacientes, trabajaba en el pequeño hospital llevado por monjas y un cura maravilloso. Lo demás era prestado. La cama y el armario se fueron junto con Amparo a los dos meses de empezar a vivir en tierras españolas. Nos quedamos en un piso desnudo, desamparados, haciendo honor al nombre de aquella mujer. Uno consiguió faena, yo, mientras mi pareja intentaba arreglar sus papeles para poder trabajar de lo que sabía. Su vocación era innegable, pero el modo de hacerlo en un puesto de Urgencias lo entristecía. Él no había estudiado esa carrera para ganar el dinero de esa forma, y así se frustró de por vida.

Nada nos paraba, ni ese hogar que se derrumbaba, ni los papeles necesarios que no poseíamos para poder ganar el pan diario. Un pequeño cubículo subterráneo me esperaba. Sería la recepcionista de un Centro Médico metido en un sótano. Un alegre cartel de neón con "ARTZ", médico en alemán, trataba de captar pacientes fuera. Lógicamente, muchos de estos teutones que llegaban a millones, tenían que enfermarse por los otros millones de litros de alcohol que ingerían durante sus vacaciones estivales. Con un vestido corte imperial y otro de recambio, heredados de las hermanas de la que aún era mi cuñada, yo los esperaba con una sonrisa. Mientras tanto, cientos de pares de pies pasaban por la puerta acristalada, dónde comenzaban las escaleras. Como único paisaje, al fondo, los tacones, zapatos de deporte, mocasines y cada tanto, alguno con sandalias y calcetines como banderas proclamando su mal gusto en el vestir.

—No te preocupes… —Me dijo mi marido el día que vinieron los obreros que se llevaron los muebles y dejaron dos sartenes usados y una nevera vieja con delgados chorretones por el óxido como mapas por sus paredes en lo que antes había sido blanco—. Jamás te he fallado, y no lo voy a hacer ahora.

—¿Dónde dormiremos esta noche? ¿Dónde vamos a cocinar y comer? —decepcionada del hombre, la futura ex cuñada de pronto había desaparecido llevándose todo lo que a ella le pertenecía, dejando aparte de esos enseres viejos, su dormitorio para el que sería su ex marido "por los malos recuerdos que estos le traían".

Los dos hermanos se fueron y volvieron con una cocina a cuestas, y luego un televisor Samsung para poder ver el futbol, horrenda pasión de mi cuñado al que ahora había dejado su mujer. Ese gusto que lo dejaba hipnotizado ante la pantalla, fue otro motivo más para su divorcio y él seguía empeñado en continuarlo, ahora sin el remordimiento de no tener que sacar a pasear ni al gato, ya que incluso este se había ido enfadado por tanta trifulca. Poco a poco el piso vacío fue poblándose de cosas que encontrábamos en tiendas polvorientas con mobiliario de segunda y de quinta mano.

No importaba; el haber vivido en la selva me había enseñado a vivir con poco. Lo demás era un lujo innecesario, y mi radio-cassette seguía sonando alegremente captando emisoras europeas junto con la música de jazz que había coleccionado en Mount Holyoke. Todo eso quedaba atrás. Un torbellino arrasó mis recuerdos. Alzó por los aires mi universidad idílica, ladrillo a ladrillo y los lagos que la rodeaban se desaguaron en mi mente. Los fines de semana en Harvard o Princeton bailando con futuros líderes de Wall Street o generales de West Point se apergaminaron en mis álbumes de fotos. Los acordes de guitarra al borde de mi piscina enmudecieron. Los preciosos vestidos reciclados de princesa que mi madre me daba como un tesoro de su juventud, y los platos con comidas caseras que tan ricamente las preparaba en casa las cocineras, quedaron colgando como esos relojes derretidos de Dalí. Me preparaba para ser madre, y para ser ama de casa a lo cenicienta. El día libre que tenía paseaba viendo las tiendas prenatales con cientos de cosas de bebé que al mío no podía comprar, y esta vez mi panza, sin almohadón de relleno, apuntaba con un ombligo protuberante al cielo, ganando fuerza para la gran fecha: la del alumbramiento. No sentía pena por lo que no podía comprar, había visto demasiada pobreza. Lo único que deseaba era ese carrusel que coronaban las cunas con música y suaves lucecitas en tonos pastel, pero no podía ser, y me conformaba lamentándome por si era escuchada. "La cuna no importa si es pequeñita, pero si las luces van incluidas en el precio, mejor" "Quiero este, sin luces, pero al menos los muñequitos dan vuelta con una musiquita la mar de bonita" "Mira, he visto uno de oferta que solo tiene un payasito Gusyluz con la carita iluminada dando vueltas sin música". No, no había forma, y mi poder de convencimiento era nulo, y ante las necesidades, eso de las luces y los muñequitos en un carroussel, era una tontería. Algunas amigas nos habían regalado cosas, mi madre y mi abuela las mandaron. Mi otra cuñada, Teresa, tejió y tejió y Manuel tuvo todo lo necesario. Vivir con el cuñado no era tan malo, que pese a la pequeña hecatombe casera sufrida, el hombre parecía más contento que en los meses que yo había convivido con él y toda su prole, y un día llegó con un regalo, la cuna más cara de la tienda para su futuro sobrino. La vida se normalizó. Trabajábamos todos finalmente y nos preparamos para la dulce llegada del bebé.

Casi con la misma edad con la que yo llegué a este país que no era el mío, este agosto del 2008 muere una mujer brasileña. Llevaba 2 meses viviendo en España. Manuel, su agresor de 44, coge un ladrillo y la mata en presencia de sus hijos de 3 y 4 años, y luego entra tranquilamente a una pizzería para que avisen a la policía: "He matado a mi mujer" dice lacónicamente. En Vigo y Valencia mueren dos ecuatorianas.

Entre las campañas contra el maltrato hubo una que me llamó mucho la atención. El lema "El Silencio no te protege" escrito en varios idiomas, y sale como imagen una mujer de rasgos exóticos con la cara amoratada. El Ministerio de Igualdad dice que el 44.3% de las asesinadas en España el 2007 por sus parejas o ex-parejas, eran inmigrantes. La Gallega Rosa

Cobo, experta en multiculturalidad dice "que muchas mujeres inmigrantes cuentan por primera vez con un empleo remunerado en el país del destino, lo que les concede autonomía y obliga a los hombres a negociar cuestiones como la gestión de roles". Norma Vazques, psicóloga mexicana añade "se da un cambio de roles y hay hombres que se niegan a aceptarlo" y continúa "El problema no es tanto ser de otro país, sino la vulnerabilidad que sufren como inmigrantes. Pueden tener un menor apoyo social, desconocer el idioma, miedo a denunciar sino tienen papeles en el caso de reagrupadas por sus maridos, miedo a perder sus derechos". En la misma entrevista que hace al periódico El País, dice: "Denunciar puede recrudecer la situación". Insiste en la ayuda necesaria que requieren para que estas tomen una decisión informada.

Sigo en Agosto y el día 24 una mujer es detenida por agredir a su compañero sentimental en su domicilio. Svetlana de 29 años, a Luis de 25. Día después muere en Almería un hombre de 40 años, argentino. Son dos víctimas masculinas. No me he empeñado a escribir solo sobre mujeres y la muerte o el maltrato de ellas solamente. Yo voy escribiendo a medida que las noticias de todas estas muertes van sucediendo. El hecho es que son pocos los hombres que mueren por violencia familiar. Son muchos miles también los que sufren por las falsas denuncias, o no quieren denunciar a sus parejas por vergüenza a declararse víctimas de maltrato. Se les hace, por su condición masculina, más difícil la comunicación con respecto a ese tema. ¿Cómo decirle al agente de policía que tu mujer te pega? ¿Que te amenaza con denunciarte y llevarte a tu hijo, o hijos a la menor disputa? Algunas incluso llegan a infligirse heridas, y fingen haber sido golpeadas. Otras saben que es fácil dejar al que ha sido su compañero en un momento dado, y lo extorsionan o lo dejan en la calle sin remordimiento alguno, inventándose malos tratos que nunca se dieron. El dolor de muchas es vilipendiado por el de aquellas que se lo inventan, perjudicando enormemente a esa concientización colectiva que se pretende para la convivencia en armonía entre los dos géneros.

Un profesor que defendió a una mujer que supuestamente estaba siendo maltratada sale de un coma. La mujer declara a los medios de comunicación que el que la golpeaba es una bella persona, que nunca hubiera hecho tal cosa. El profesor Neyra hizo lo que su conciencia en ese momento le dictaba, y fue como Don Quijote a defender a la dama, cuando vio que un hombre, o creyó ver que un hombre atacaba a una mujer. Quizás se equivocó ya que la mujer dice lo contrario. Todos los medios hablan del caso. Hay hombres que, a diferencia de los que sabemos violentos contra los indefensos, defienden y se enfrentan a estos en ayuda de los más débiles. ¿Qué es lo que se debe hacer cuando se presencia una escena de violencia? ¿Cómo se debe reaccionar? Sigo pensando en el hombre que se atrevió con uno, y se debatió entre la vida y la muerte en el intento. Y de pronto hemos dejado Agosto para irnos a Septiembre.

El día 2, detienen a un hombre en Zaragoza por agredir a una de sus dos esposas. Mohamed tiene 34 años. El 7, un individuo es arrestado en Murcia por golpear a su ex pareja tras acusarla de ir desnuda por llevar una falda. El hombre es un ecuatoriano de 32 años, y el mismo día una víctima de malos tratos pide al juez que retire orden de alejamiento recién dictada a su pareja. El sospechoso de malos tratos dice que rompió la puerta "porque se puso celoso". El Consejo General del Poder Judicial advirtió en un informe del descenso de la edad de los agresores y las víctimas de la violencia de género en 2008. En un 40% de los casos ambos tenían menos de 36 años, y confirmó la tendencia al alza de ciudadanos extranjeros. En concreto un 48% del total de muertes eran españoles. 7.4 menos que en 2007 y 16.5 puntos menos que en 2006.

Había dormido mal aquella noche. Eran mediados de Septiembre. Dos días antes dejé el pequeño consultorio subterráneo porque creo le había dado pena al dueño del negocio: "sería conveniente dejaras de trabajar. Cualquier día nos das el susto, y no me gustaría verte parir aquí en el trabajo". Lo acepté aliviada, me sentía como un pez globo. Retenía agua y no había podido encontrar más que un par de alpargatas de monja franciscana para mis pies, que se habían transformado en dos pizzas calzone. Los vestidos regalados se trasparentaban por tanto lavado, y con los tirantes firmemente amarrados a mis hombros sujetaban el resto de tela que ya no cedía al ancho de una inexistente cintura y se limitaba a colgar desigual en el entorno de mis rodillas. Era una boya de esas que permanecen flotando y que es casi imposible hundirla por lo inflada que está. El calor exacerbado por mi estado me parecía más espantoso que el de la selva. Derrotados en el sofá de polipiel, este nos impedía traspirar como tocaba. Él bebe cerveza, y yo me quejo. Algo había cambiado. No sé si por las preocupaciones económicas, por el hecho de adquirir una responsabilidad como la de ser padre, o por tener al lado una mujer más asustada que un grillo enmudecido cuando solo escucha un ruido extraño, su consumo de alcohol había aumentado. Lo miro y le pido que deje de beber.

—¿Quieres que lo haga?

—¡Deja de hacerlo! —chillo agriamente. Él quita el botellín de la boca, y veo que este se estrella contra el suelo. Me doblo y empiezo a recoger los vidrios, y seco la cerveza del suelo que había acabado de limpiar. Me arrastro a mi cama y noto que mi vientre se pone tieso. El dolor no cesa, comienzo a gemir suavemente. Han pasado dos horas, y el no da señales de apiadarse de mis quejidos, sigue atornillado al sofá y mira el futbol con su hermano. Él le dice que se levante a ver que sucede. No, responde, está haciendo teatro para llamar la atención y así hasta que a la una de la mañana decide que ya es hora de dormir. Los gemidos han continuado intermitentes. Me abre las piernas mete los dedos en mi vagina y ve que la tengo dilatada, y grita al hermano: "¡Tiene cuatro de dilatación, hay que llevarla a la clínica!".

Las peleas han vuelto. Pensé estas habían dejado su razón de ser desde que estaba embarazada. Me cuidó como su princesa en un comienzo, su devoción por mi tragedia, y el amor por ese futuro hijo, habían hecho que yo me olvidara de alguna violenta pelea cuando novios, en la que me había gritado por hablar demasiado con ese amigo al que yo parecía gustarle, o él creía que me gustaba a mí.

Cuando llegó de la selva, dos años en la frontera con el Brasil, ese antiguo amigo de la juventud, ahora médico y pronto mi futuro compañero, me había cautivado por la energía que desprendía, y su magnética personalidad. Era un verdadero revolucionario, trabajando por sus ideales, en las misiones de unos jesuitas españoles, y viviendo unas aventuras que solo las había visto en las películas de Indiana Jones, entraba a mi vida vigoroso, como un chaman misterioso. Algo nuevo para mí, en ese entonces, por la autenticidad de sus ideales, su praxis acorde con estos, su gran sentido del humor, y su mirada apasionada al mirarme. Mi entorno había sido hasta ese momento, de una alegría superflua, y de abundancia material asumida. Moreno, ojos vivaces y una boca de risa amplia, los días se pasaban volando a su lado y sentía que mi necesidad de estar con él iba en aumento. Si nos separábamos, al momento estábamos colgados al teléfono hablando horas. A mi madre todo esto no le sorprendía, mi adicción al teléfono había empezado a la temprana edad de 10 años. Ahora, empero, le irritaba mucho más el verme sentada como un poste, al lado del aparato dorado réplica de uno de principios de siglo, porque la tenía incomunicada por horas, y su vida social mermaba por mi culpa. "¡Cómo te tengo que decir que el teléfono es solo para cosas importantes!". Ella no entendía que estas charlas eran vitales porque era el hombre que había escogido para vivir con él eternamente. El teléfono sonaba rara vez cuando yo no estaba, y era casi siempre para mí. Mis actividades seguían siendo múltiples, y los grupos de amigos que tenía eran variados. Podía estar en cenas muy de "sociedad" o en antros de borrachos perdidos, en tés de amigas que habían decidido proliferarse cómo las conejas, y habían cambiado su estatus de señorita a señora, o en reuniones serias dónde se hablaba de temas culturales y/o política. Mi nuevo compañero se adaptaba a todas las situaciones, y su comportamiento era impecable, aunque era más espontaneo y dicharachero con los amigos de toda la vida. que también eran muchos.

Nuestra pasión recorría todos los lugares secretos que permitía a dos amantes entregarse sin ambages. El jardín solitario de mi casa los domingos, el bosque detrás de mi casa, el coche de su hermana que generosa lo prestaba sin saber el uso que se le daba, mi sala de estar cuando mi madre jugaba con las amigas en la otra sala, los portales y alguna vez si podíamos algún motel, de esos dónde iban los viejos casados con alguna amante o jóvenes como nosotros ansiando amarse en un colchón blando cansados del suelo con las piedras hincándose en tu piel. Mi manera extrovertida y algún coqueteo mío, lo habían puesto furioso y en consecuencia habíamos tenido unas cuantas peleas que quizás me hubieran podido servir de indicios para un futuro, pero que en ese momento no las consideré trascendentales porque nos amábamos como si se nos fuera la vida en ello. Y así elegimos un 21 de Septiembre para casarnos, el día en que se festeja la primavera en el hemisferio sur. Al otro lado del mundo, un año más tarde, un 23 del mismo mes Manuel nacía, quizás presuroso debido a un golpe seco de un botellín de cerveza que violento se estrelló en el suelo.

Desde el año 1999, la sociedad española había decidido a través del parlamento, que ya no existen excusas para la violencia en el hogar, ni siquiera para las leves. Esta determinación se consolidó con la Ley Integral que crearon los órganos judiciales y fiscales especializados.

El 8 de septiembre 2008, un hombre es detenido por herir a su ex mujer a la que arrojó un machete; otro en Mallorca el 14 le rompe el cuello a una mujer de 28 años. Los reportajes se suceden. Bajo el título de: "Una agresión cuesta 140 Euros" nos cuentan que condenan a un maltratador que pegó a un peluquero que defendía a la mujer con una multa de 3 euros por día, durante un mes. O sea 90 euros y una indemnización de 50 euros. Total 140. Otra mujer boliviana mata a su pareja en Madrid a puñaladas frente a su portal.

"Por un lado era buena persona y cariñosa pero por otra se convertía en un diablo. Cuando tomaba drogas se volvía un degenerado". "Él me decía que todo lo que hacía era por mi bien para que yo aprendiera a ser buena persona y que yo era la que me buscaba las palizas". Este es el relato de una mujer que sale en un periódico el día 21 por los maltratos sufridos el día 14. La otra novia del sujeto dice que él solía amenazarla con: "De la cárcel se sale pero del cementerio no".

PLUTÓN COMIENZA
A ENRAIZARSE EN MI VIDA

Manuel nació. Se había establecido un pequeño diálogo sutil entre el padre y el hijo incluso antes de que este naciera. Por las mañanas apoyaba mi barriga en la espalda del hombre que descansaba de su guardia a mi lado, y mi pequeño lo despertaba con unos golpecitos, toc, toc, desde dentro. Cuándo se respondía con uno o dos toques suaves sobre mi abultado vientre, el pequeño por nacer contestaba con uno o dos según el número de golpes dados. Pese a lo incómodo de mi figura y la difícil situación económica que teníamos, nos sentíamos en el paraíso. La isla lo era y nos ayudaba a la idílica espera.

Finalmente lo tenía entre mis brazos. Un fórceps lo dejó con la pequeña cabeza como un huevo por unas semanas. Los dos recién estrenados padres temblábamos, él de la emoción, y yo por lo mismo y el susto de no saber muy bien cómo lo iba a tomar entre mis manos para bañarlo y el dolor que sentía entre las piernas por ese corte que se me había hecho para que el bebé naciera con más facilidad. El pez globo durante el estado que llaman de "buena esperanza" ahora se había desinflado, pero la tetrodoxina que este posee para convertir a los humanos en zombis seguía latente dentro de mí. Esta me iría invadiendo poco a poco dejándome algunas veces como un ser obnubilado y sin voluntad. Otras, mi cuerpo segregaría el veneno con más fuerza y me convertiría en un muerto viviente paseando por Las Ramblas de la que ahora era mi ciudad. Los ojos sin luz, sin ver salida alguna y deseando volver a casa junto a mis padres.

Ha estado parte de la mañana en el bar "El Chacal" que está en la esquina de nuestro barrio. El niño está en el colegio. Quiero ir al mercado porque habíamos decidido ayer comer ese día pescado. Entro al bar y lo encuentro con los habituales. Enrique, Alberto, y Juan tras el mostrador sirviendo. Callan al verme llegar, uno de ellos dice en tono burlón: "¡Que ya viene la parienta!" y me mira socarrón. "Con cara de querer ir de compras". Otro le ríe la gracia. Los demás se esconden tras su pinta de cerveza, excepto Alberto con su "Dry Martini" de costumbre, que bebía rutinariamente como "il faut". Mis ojos recorren las facciones de aquellos que forman un corro alrededor de mi pareja, echando chispas de desprecio. Estoy furiosa, es su día libre y quiero disfrutarlo junto a él. Mi rutina de ama de casa se hace cada vez más pesada. Hemos cambiado de piso, por otro más alegre y propio. Él gana bastante, pero desde que lo hace, ha cambiado mucho. Por un momento bueno hay tres malos. Cuando alguna vez lo he comentado con su familia o amigas, me han dicho:

—Tú eres la inteligente de los dos. Cállate, espera que se tranquilicen las cosas y luego busca una solución. No aumentes el fuego a la leche. El hombre es como la leche cuando hierve, al momento sube pero así también vuelve a bajar.

Mi mirada expectante espera otro tipo de consejo. Me creía inteligente, pero no podía callarme cuando me faltaban al respeto (y sigo siendo así y ahora intolerante ante ello), quizás no quería ser todo lo inteligente que su familia esperaba lo fuese. "Es inaguantable" decían de mí, disculpando al hermano. Imagino que ignoraban que aunque hablase, llorase o enmudeciese, los golpes venían igual. Eso sí, jamás sabía cuando era el momento oportuno para hablar, porque quizás esos momentos dados de felicidad se estaban volviendo tan escasos que no quería enturbiarlos con mis quejas o razonamientos poco validos para él.

Me encanta pasear por el mercado o el centro de la ciudad, y lo digo a sus amigos del bar, en alto, para dejar clara mi intención. "El Chacal" tiene cada día a los mismos sujetos, y su compañía es tediosa para mí.

—No es necesario gastar dinero, por mirar no se cobra —ignoro a sus amigos y lo miro a él—. ¡Vamos, que habíamos quedado que una vez limpia la casa, daríamos un paseo! —suplico, mirando su vaso con reproche.

—Sube a casa y espérame lista —me responde, y las palabras salen de su boca con ira contenida.

—Que estoy lista, que la casa está limpia, que quiero nos vayamos ahora —digo en voz alta, como para evitar más peros.

Se levanta despacio y yo observo su cara atentamente. Tiene un brillo malévolo en los ojos, ese rictus en su boca que sé me traerá problemas sino lo soluciono rápidamente.

Paga su copa, invita a Enrique.

—¡Que se diviertan! —dicen todos a coro, y yo me cuelgo de su brazo, y doy a mi voz un tono alegre.

—¡Adiós chicos! Que me lo llevo ahora a comer un pescado rico, rico —Enfatizo lo último porque sé que al estimular sus papilas gustativas, lo animará a unirse en mi deseo de ir a por el pescado.

Salimos y su mano quita la mía de su brazo bruscamente. Me dice "subimos", le digo "te espero". No quiero subir porque sé que algo malo se avecina. Me agarra de la mano y me mete al ascensor. Yo empiezo a temblar, la boca se me seca. Abre la puerta de la casa violentamente y, sin mediar palabra se va al cuarto y se echa sobre la cama. Me quedo tiesa en el umbral de la puerta. La indignación me hace hiperventilar. Es aquí dónde debo callarme. El consejo de mi cuñado se pierde. "Es aquí dónde tienes que callarte", susurra su voz en lontananza. No lo hago. No estoy siendo inteligente, no estoy pensando, tan solo reacciono. "Mierda", digo, "vamos, que es tu día libre… que otro día en casa no… mierda".

Se levanta furioso, me coge del cuello y me tira a la cama. Me vuelve a levantar como una marioneta sin hilos pero de mis solapas, y me grita: "¡Te jodes! ¡No te atrevas ir al bar a buscarme en otra!". Me mira a los ojos e iracundo en un impulso certero, golpea su frente contra la mía.

Salgo de la casa. Mis lágrimas están contenidas al borde de mis ojos. Siento a la vecina que sale al mismo tiempo del piso contiguo. Nos encontramos en el rellano. La mujer tiene unos cincuenta largos, pero parece una anciana de setenta. Llega al ascensor a pasos cortos deslizándolos penosamente por el suelo, sufre una depresión que la ha encerrado en su casa por un año.

—Conchita —la saludo con un movimiento de cabeza, evito mirarla y me hago a la que me concentro en la puerta del ascensor con la vista fija en la luz roja que anuncia su llegada. No deseo iniciar una charla porque los sollozos que están emergiendo junto con mi voz comenzarán cuando articule una palabra. Los trato de aplacar deteniéndolos en mi garganta. La miro de soslayo y sus ojos van nublados de barbitúricos.

—No levanto cabeza hija —sonríe tristemente, sin percatarse de mi desesperación—. Es tan difícil vivir con un diabético, su humor cambia constantemente, y no para de decirme que no valgo para nada. Cada noche viene tarde del "Bésame Mucho".

—¿Bésame Mucho? —pregunto al no tener idea a qué se refiere.

—Sí, es una discoteca a la que van los viejos a buscar mujeres extranjeras —suspira y continúa—. El viejo asqueroso es capaz de pegarme algo, aunque hace meses que no me toca.

Continúa su lento caminar por el zaguán y llega a la puerta principal agarrada de mi brazo, y a mí me entra un impulso que me lleva hasta el Centro Médico del barrio. Primero esto y luego a la comisaria. Voy a denunciarlo, no quiero acabar como mi vecina, o quizás peor que ella. Denunciaría y luego más adelante, aunque ese momento aún no lo sabía, la quitaría, así hasta una segunda denuncia, que también correría la misma suerte.

"Cuando una mujer se acoge a su derecho a no declarar, deja al final y al juzgado sin la prueba necesaria para lograr la condena. La razón es que en la mayoría de casos no hay ningún otro elemento probatorio. La violencia se produce en el seno del hogar y los únicos testigos posibles de lo que allá ocurre son la mujer y otros familiares, habitualmente los hijos de la pareja". Lo leo en un periódico.

ÚLTIMO TRIENIO
DEL AÑO 2008

Al terminar octubre habrán muerto un total de 53 mujeres en manos de sus parejas o ex parejas. Dicen que "ocho menos que en las mismas fechas del años pasado". Seguimos con las cifras pero el maltrato continúa y continuará, lamentablemente. El primer día de este mes, un hombre agrede a su mujer con un bate, y luego se suicida. El día dos, en Granada, un cabo mata a su compañera que también es militar y luego toma el coche de la ahora muerta y se suicida. En dos días, dos suicidios seguidos. Son los maltratadores que supongo no pueden imaginarse el vivir sin ellas, sus parejas, o tienen tanto miedo de enfrentarse a la justicia que no les queda más remedio que matarse ellos también. "Haberse suicidado ellos antes de cometer su crimen" pienso.

¿Por qué se escoge vivir bajo ese tormento? "Nadie en su sano juicio, escogería vivir bajo una tortura" dice todo el mundo. ¿Es una elección? "Nadie consciente tiene una elección como esa" opina una mayoría ¿O es que a menudo las personas dentro de estas relaciones tormentosas, ya no tienen voluntad por una serie de dependencias como la afectiva, económica, y la del miedo con respecto al agresor?

ASÍ FUE COMO LLEGÓ PLUTÓN A MI VIDA

Había llegado a casa como en un relámpago. No me acuerdo cuál fue el trayecto que hizo Luis llevándome en la parte trasera de su camioneta, como a un feto a punto de ser abortado.

Los brazos fuertes de su mejor amigo, acunándome, intentaban protegerme de todo el mal que ya me habían hecho. "Él se ha portado como un verdadero caballero", opinaba mi padre del que llegaría a ser mi esposo. Su voz grave detonaba pesar. En voz baja temía ser escuchado por esa especie de fantasma en el que me había convertido apareciendo por los lugares más insospechados, sin anunciarme. Asustaba sin pretenderlo. Etérea y maltrecha, los sobresaltaba provocándoles sendos respingos cuándo me veían, provocando su retira presurosa a otras estancias de la casa sabiendo que yo no los seguiría. Evitaban incluso el mirarme. Una noche, mi padre mantenía una conversación secreta, casi susurrando, con mi madre cuando yo, por casualidad, pasé por la sala de estar. Temía ser escuchado.

—¿Sabes? —le decía a mi madre—, que eso de denunciar lo que ha pasado con tu hija, es mejor olvidarse de ello.

—¿Por qué?

—Este va a ser un escándalo. Toda la gente se va a enterar y no sé si tu hija tendrá las fuerzas para afrontarlo —mi madre, la que siempre tenía una opinión, asentía aprobando lo que su marido decía sin rechistar.

—Nuestro nombre estará en boca de todo el mundo —continuaba él—, la hija está como está... y tendrá que dar detalles. Es mejor que nos olvidemos del asunto, como si no hubiera pasado nada. Todo esto es una vergüenza... sobre todo para ella.

El servicio de casa casi no hablaba y si lo hacía era como si estuvieran confesándose ante un cura. De pronto todos se habían quedado sin temas de conversación. Los reproches de mis padres, penitentes, recorrían los espacios vacíos de la casa sin encontrar orejas para ser escuchados, estos se habían quedado obsoletos, invalidados por los acontecimientos. Todas sus prevenciones sobre el peligro que corrían las chicas de mi edad se habían diluido en la estratosfera. Su máximo miedo había sido el que algún vividor me dejase embarazada. La otra amenaza era impensable por cruenta. Esta era una posibilidad que jamás se contempló como probable, y jamás llegaron a imaginársela. Consejos y reproches fueron pompas de jabón que ¡plop! reventaron con el aire.

Los dos me esperaban ante la verja. Detrás, la señorial casa se ensombrecía, y su color gris perla se tornaba casi negra. Su sombra tapaba el rojo de las rosas que rodeaban el jardín. Me miraban angustiados.

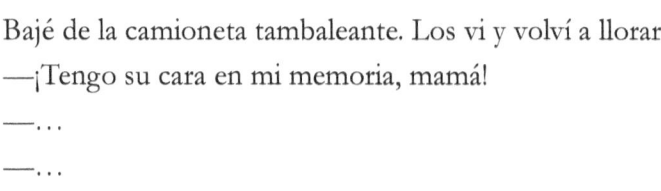
Bajé de la camioneta tambaleante. Los vi y volví a llorar.

—¡Tengo su cara en mi memoria, mamá!

—…

—…

—¡El número de teléfono de nuestro vecino, el jefe de policía! —los miro suplicante, mientras hablo—. Él nos va ayudar a encontrar al hombre —mi padre sigue sin habla, mientras mi madre de repente parece reponerse y grita a la que ha sido mi niñera de toda la vida—. ¡Isabel, que ya ha llegado la niña! ¡Prepara un vaso de leche caliente!

—¡No quiero un vaso de leche! Quiero que encuentren al desgraciado —miro a mi padre, esperando ver en su cara su aprobación a mi ruego.

—Vamos hija, sube a tu cuarto, y ahora descansa —lo abrazo y su contacto me tranquiliza.

Llevaba una semana en la que yo solo contestaba con monosílabos, no miraba ni el precioso jardín de casa como solía. Ni los ciruelos que se lucían en las ramas agobiadas por tanto peso, en un tentador color burdeos, y que comía hasta tener retortijones en las tripas, dejando a los pájaros fastidiados por tanta glotonería, me atraían. Nada me motivaba. La conversación secreta, de unos días atrás, en la que mi padre había dado por zanjado el asunto de mi violación, me había dejado extrañamente indiferente, tanto su conversación como mi actitud ante la vida. Se me habían quitado las ganas de pelear. No quería, ni me interesaba encontrar a un desalmado que probablemente atacaría a otra desdichada. Solo intentaba reponerme del susto, y si tenía que fingir que nada había pasado, lo haría. Total ¿Qué más daba? Me imaginé a todos los amigos y no amigos hablando de lo que me había sucedido, para el pesar de mis padres. A mí me daba igual, me bastaba el no volver a tropezarme con ese ser que semanas antes de lo ocurrido, había salido de la cárcel por violación y asesinato, tal cómo me dijo y que me cortaría el cuello si lo encontraban, como me amenazó.

Mi novio seguía al pie del cañón, y venía todos los días a consolarme, y yo lo dejaba hacer. Mi mente había borrado cualquier recuerdo de esas últimas horas. Mi cama me esperaba cada noche, con las sábanas más blancas que nunca. Olían a limpias. El cuarto resplandecía como siempre, pero ahora me parecía más inmaculado aún. Mi espejo de Murano que mi madre trajo con gran dificultad de uno de sus viajes a Europa, me mostraba una cara con mi imagen y semejanza. Era yo. Estaba a salvo. Había rezado y seguía haciéndolo. Dios te Salve María, haz que por favor este hombre no me mate. Dios, concédeme la gracia de seguir con vida. Y después de tanto rezo y ahora a salvo deseaba estar muerta. "Padre Nuestro, si realmente eres bueno, manda un rayo y que me parta en dos, Amén". Debí haberme resistido y muerto. "No podré vivir con esta horrible sensación que existe ahora en mí", me decía. "No tuve fuerzas para luchar, no me supe defender", me torturaba. Había demostrado ser un gato escaldado en el agua. ¿Dónde estuvo aquella niña que decía castigaría a los malos como en esas películas de héroes contra villanos de mi infancia? Hola a la joven que no supo ni gritar y se sometió a la maldad de un diablo sin decir ni mu. Bienvenida a la nueva criatura que había nacido en mí, y que la desconocería a partir de entonces por muchos años, vagando en un limbo en el que solo intentaba reconocer caras y cosas que la protegerían del mal. Y así continuaría rezando, o contando por muchos años lo que me iría sucediendo. "Hola Jesús, amigo, hoy me muero de dolor porque me ha vuelto a pegar, sé que me entiendes y escuchas, Amén", pero eso vendría después. En aquellos momentos, en la tranquilidad de mi habitación lo único que hacía era intentar borrar la cara del que aún no sé porqué me dejó con vida.

El día 8 de octubre de 2008 a un hombre le caen cinco años de cárcel por rociar a su ex pareja con gasolina y mostrarle el mechero en un intento de homicidio, eso sucedió el año anterior en también octubre. El día 9 un hombre es acusado de matar a su novio. Los maltratos también están presentes en las relaciones homosexuales. En Granada, detienen a un hombre que ha apuñalado a su mujer y a su hijo de 15 meses. Un día después una mujer embarazada muere apuñalada en Jerez de la Frontera por su pareja, un chino de 36 años.

El forense Miguel Lorente, en su estudio sobre el maltrato de la mujer dice: "Aunque la combinación de varios mecanismos puede asociarse a muertes más violentas, hay una arma que por sí sola ha dejado más muertes que ninguna otra. El arma blanca (generalmente cuchillos de cocina) que estuvo presente en el 47% de los asesinatos de violencia de género cometidas entre 1997 y 2004.

Entre 1997 y 2004 fueron 71 las mujeres muertas por arma blanca. En total, 880 puñaladas. Una media de 12.4 por víctima" "…el grado de violencia es más que significativo porque no suelen ser puñaladas en las piernas o brazos, casi todas van al cuello y tórax, a matar".

Una mujer denuncia haber vivido secuestrada por su marido durante 22 años. La mujer tiene 41 años. El lugar es Burgos Miranda del Ebro. El matrimonio tiene tres hijos menores 7, 8 y 13 años. Son finales de octubre, en concreto el 28. En un documental sobre el maltrato de género, una mujer dice: "El miedo a lo que va a ocurrir es mucho peor que una bofetada".

Diez años pasaron desde mi llegada a Mallorca. Cada vez que miraba al Mar Mediterráneo pensaba: "Mi exilio voluntario no pudo ser mejor elegido, adoro este sitio". Al principio no tuvimos más remedio que venir, dejábamos nuestras familias detrás, pero aquí se decía se encontraban mejores oportunidades de vida; no lo sabíamos con seguridad, pero teníamos que intentarlo. Su deseo, cómo médico, de ayudar a la gente menos favorecida y su experiencia con los curas misioneros, era un estímulo para intentar un doctorado en Enfermedades Tropicales. Las ganas de ambos por volver a la selva jamás desaparecerían. ¡Habíamos sido tan felices ahí! Lo intentó, incluso le llegaron propuestas para irnos al África, sin embargo, la idea de que su hijo disfrutara de las comodidades occidentales lo hizo dudar, y así se perdió en el empeño. A mí me daba igual África que Francia, o España. Todo me resultaba desconocido y excitante. Estaba dispuesta a explorarlo a su lado, si él lo decidía. Las condiciones eran pobres tanto unas como las otras. "A mí me gustaría África", le sugería, pero el médico era él y la decisión aún era un fino esbozo en el tiempo. Yo, mientras tanto, me imaginaba en alguna tribu perdida, descubriendo costumbres y ayudando a las monjas como lo había hecho en el Amazonas, eso cuando dejaba de ser mamá y volvía a ser una joven soñadora, mientras mi bebé dormía su fragilidad a mi lado.

Eso fue en un inicio. Todo lo comprábamos diminuto, pensando en llevarlo con nosotros o dejarlo sin echarlo de menos. Luego y con mi hijo pequeño, en un colegio como Dios mandaba, felizmente adaptado, me convencí de que fue la isla la que me eligió a mí. Era mágica y continúa siéndolo. Me ayudó a sobrellevar mis problemas con su belleza. El sentarme cerca de sus murallas antiguas que rodeaban la parte histórica de la ciudad era un milagro otorgado a cualquiera que tocara solo una de esas piedras milenarias. La época de los fenicios, de los romanos y los árabes se materializaban en mi mente, invitándome a ser la princesa de algún cuento con final feliz. Un aire delicioso y marino me envolvía con el poder de llevarme fácilmente a esos mundos dónde yo mandaba sobre los acontecimientos. El mar que jamás había visto de pequeña ahora me regalaba sus puestas de sol. La solemnidad de su catedral gótica me quitaba el aire. Me encantaba pasear por esas calles antiguas que silenciosas me adentraban al Medioevo. Muchas veces las atravesé sola, empujaba el carrito con mi bebé a cuestas y paseaba a paso lento sobre sus baldosas, escuchando solo el eco de mis tacones. Su pesada resonancia normalizaba mi ritmo cardíaco, tal cual un mantra. Ese era el verdadero poder sin palabras. Sabia e imperturbable, la isla magnánimamente me concedía la serenidad que un mal grito me había trastocado, un momento atrás.

Me dediqué a ser madre y ama de casa a tiempo completo, y creo fue lo más duro que hice hasta ese momento. El intentar hacer evolucionar mi alma como humana, se relegó a un segundo plano. La dedicación eterna en evolucionar espiritualmente es un empeño que todos los humanos tienen que hacer algún día, de una forma u otra, pero entonces ese esfuerzo quedó agazapado en un rincón olvidado. Ahora entiendo que ese es el primer objetivo en la vida de cada uno y todos los seres, pero yo me llené de libros de cocina como libros de autoayuda. Se me había inculcado desde pequeña que la misión de toda mujer era la abnegación cómo madre, y la perfección como ama de casa. "Si todo este esfuerzo lo hubiera puesto en mi universidad cuándo sacaba la carrera de Ciencias Políticas, hubiera sido una estudiante Cum Laude", reflexionaba. Esta idea me venía especialmente cuando limpiaba los vidrios y que tras horas de limpiarlos, siempre quedaban con chorretones, siendo su limpieza un enigma, intentara lo que intentara. Era una hechicera mezclando ingredientes, buscando la fórmula perfecta para el perfecto detergente de ventanas. "Que amoniaco, hazlo con amoniaco" me decía mi amiga Guadalupe que era la perfecta ama de casa española. "Utiliza el periódico, y verás el brillo". No había forma. Los dedos se me quedaban negros y una testaruda película sospechosa del mismo color sobre los espejos. "El alcohol de quemar es lo mejor". Ningún producto me daba la respuesta, y yo como Sísifo en el intento de subir cada día esa piedra a la cima de una montaña, para verla descender rauda ni bien creía había llegado a la meta.

Las escobas y estropajos se me resistían cada vez menos, y con la cocina tenía relativo éxito hasta que intentaba hacer un invento mío que provocaba unas trifulcas horribles con mi marido, eso sí, las patatas casi siempre quedaban crudas, y nunca sobraban, creo que odiaba el pelarlas. Un menú diario era tortuoso. "Nunca haces las cosas bien" me reprochaba él, y que "el cordero sabía a cordero". Y ahí me encontraba intentando que el cordero supiera a cualquier otra cosa menos a lo que debía saber. Los libros de cocina a veces me iluminaban en la rutina diaria de pensar "¿Qué hago para comer hoy?". Ciertas mañanas se me iban enteras cocinando recetas imposibles como el Pollo Relleno con Delicia de Setas, o Pato a la Naranja. Intentaba sacar los huesos del pobre pollo manteniendo su forma, que al final destrozado, acababa a pedazos irregulares sobre una bandeja con champiñones que no setas por lo caras en el mercado. Quitaba las plumas del pato con mi pinza de las cejas, dejándolo con la piel llena de agujeros cambiando el plato de nombre como Pato a Lo Andrajoso por lo raído de su pobre atuendo. Mi amor por la lectura continuó acicateado por algún libro esotérico y de autoayuda. Las mañanas se me pasaban limpiando y cocinando, y las tardes esperando las cinco para recoger a mi pequeño del colegio. Mientras él, cansado de una guardia, hacía la siesta o bajaba al bar para encontrarse siempre con una animada tertulia. Un perrito Caniche gris caminaba siempre a mi paso, y contento de verse fuera del piso, me acompañaba ladrando a cualquiera que le daba la gana o me saludaba. Éramos la típica familia, o al menos parecíamos serlo. El vecino de abajo, sin embargo, no estaba muy seguro de ello, ya que las paredes tan frágiles eran fácilmente permeables a los ruidos, y él nos escuchaba pelear, maldecir o yo llorar.

Gracias a ciertos libros esotéricos que me invitaban a recomponer mi vida en un futuro, y a reconquistar esa suerte perdida en ese pasado desaventurado, empecé una nueva carrera, la de pitonisa. Tiraba las cartas del Tarot e intentaba solucionar los problemas del presente de otra gente. Mi sala apestaba a incienso de Pachulí que había comprado al por mayor, eso, más una vela blanca con fragancia a flores de azahar, un vaso de agua con unas piedras de cuarzo brillando en la base, y yo, detrás de una pequeña mesa rústica de madera maciza, medio mareada por lo soporífero de los fragancias y el exceso de concentración. Mi clientela empezaba a crecer en número. Cobraba tan solo la voluntad y a veces esa "voluntad" se convertía en toda una mañana con mujeres que llegaban a casa para que les leyera la fortuna. El poco dinero ganado a cambio del tremendo esfuerzo psicológico me hacía feliz, y se iba rápidamente para algún capricho pequeño. "Era buena" me anunciaron, y debía serlo ya que muchas de ellas repetían sus visitas y me traían a más mujeres a la que se había convertido en mi consulta, o la sala de mi casa. Me levantaba muy temprano para limpiar, y cocinar, e intentaba de esa manera, evitar reclamos en el que era mi primer oficio, las labores del hogar. Mi clientela aumentó rápidamente y el teléfono se fatigó con tanta llamada, ya fuera para hacer citas y otras para contarme lo acertada en mis predicciones. Todas venían esperanzadas o temerosas, querían que les aclarara ese futuro que casi todas lo veían negro o de un gris opaco, falto de luz. Su percepción en algunos casos era correcta, en otras, era el mero aburrimiento de unas vidas rutinarias. Una gran mayoría, se martirizaba con ideas que jamás sucederían, y al menos en eso, yo sabía cómo ayudarlas.

La vida no era tan fácilmente predecible, o tan horriblemente fáctica. Yo era genial con mis consejos, y cuando estos salían de mi boca, me sorprendían. Estos salían nobles de mi corazón y de cierta forma intentaban aconsejarme también a mí, pero mi intención con las demás no funcionaba conmigo. Mis problemas eran más gordos. Era paradójico ver la luz en los problemas de las otras, y mi ceguera con la interpretación de mi vida. Esta, como un barco sin capitán ni timón, se estrellaba de cuando en cuando contra unos escollos que aparecían amenazantes intentando despedazarme cruelmente. Alguna amiga quedó de toda esta experiencia. Ellas serían mi apoyo más tarde. Todo tendría un propósito en esta vida, tal como esos libros de autoayuda afirmaban con solemnidad, y es cierto. La rotundidad en mi certeza viene ahora después de ver que sigo en pie y disfrutando de esta mi vida en este momento dado.

Mi intuición y energía quedaban hechas polvo después de una mañana con dos lecturas de las cartas adivinatorias. Después de unos meses, mi clarividencia empezó a mermar. Mi concentración se rompía ante el temor de molestar, con gente extraña, la tranquilidad de aquél que salía de una guardia médica, y necesitaba dormir, y la de aquellas mujeres que buscaban respuestas en la tranquilidad de un ambiente que con su enojada presencia, parecía evaporarse. Nadie estaba cómodo, ni las que me escuchaban, ni mi marido volviendo de una guardia, encontrándose cada día con mujeres variadas y conmigo con los ojos en la nuca y media desinflada por el esfuerzo energético liberado. Con gente alrededor no nos daba tiempo para hablar, menos para discutir. Había días que este hecho me alegraba francamente y me aliviaba en mi rutina, pero aun así limité mi servicio a dos días y luego desistiría de continuar con ello, porque las apariencias se habían agotado y me temía que su disconformidad se hiciese patente algún día, provocando una situación nada grata para mí y para las que se habían convertido en clientas.

Una extraña visión de los dibujos en las cartas y su color, me permitieron una misteriosa clarividencia que me hacía ver las cosas de un pasado y el futuro, describiendo situaciones certeras y actuales de aquellas mujeres desconocidas, como en una película. No quería saber lo mío por lo difícil de mi presente y lo terrible de lo anteriormente vivido. Me era fácil predecirlo a las demás, pero una incógnita cuando quería adivinar mi destino, inventándome el significado de las cartas de mal agüero, o disminuyendo su tragedia, para que estas no me asustaran más de la cuenta.

El desfile de mujeres se redujo, pero mientras duró, pude conocer muchas y diferentes historias. Sus vidas, las de muchas, eran las típicas vidas de mujeres que tenían problemas en el amor, o el trabajo o enfermedades, y todas estas combinadas en sus distintas variaciones. Maribel llegó un día. La trajo otra amiga, como casi siempre sucedía. Era una mujer preciosa. Era una de esas mujeres que cuando llegan a un sitio, los hombres tienen que parar su charla para quedarse a mirarla. El pelo color castaño, en una coleta y unos profundos y enormes ojos marrones que te envolvían melancólicos en una belleza casi sobrenatural. Tomé el mazo de cartas, y le pedí las partiera en tres montones. Lo hizo y empecé su lectura.

—Tu vida va a cambiar de repente —le dije mientras señalaba la Torre, junto al As de Corazones—. Tu vida con tu pareja está en crisis y no ves salida —Ella enjugó una lágrima de uno de sus ojos con la ayuda de un dedo de unas manos con una perfecta manicura.

No tuve que decir más, aquél día yo no sé si por necesidad o porque entre nosotras nació así de repente una amistad, ella habló y habló, y esa nuestra charla continuó por años. Directora de hotel, había sido reconocida como una de las mejores empresarias de la ciudad. Tenía lo que aparentemente era el marido perfecto. Guapo, rico, y abogado de las familias adineradas de rancio abolengo. Dos hijos, niña y niño con un perfecto inglés. Las escuelas más caras para los pequeños, un barco y viajes por todo el mundo cuando se les ocurría.

—Tu marido no va a cambiar, niña.

—…

—Sé que me estás entendiendo, y si hablo es porque en este momento veo que tú pronto vas a decidir que la vida que llevas con él no es la que tú quieres en tu vida. Tienes que decidirte ya —Parecía que todo lo que yo le explicaba eran consejos dirigidos a mí.

—¿No crees tú que él vaya a cambiar?

—Los hombres no cambian. Es más, este va a peor contigo —Le muestro las cartas del Demonio y el Ahorcado. La miro, está pálida. Me contengo de seguir leyendo más cosas. Las cartas me salen fatales y ya la he asustado bastante.

No sabemos nunca quién puede venir en nuestra ayuda. Yo estaba ahí con un apoyo cartomántico, y ella con la certeza que tenía que dejar a su marido. Las dos necesitábamos en ese momento, tan solo una palabra para continuar con nuestros proyectos, o romperlos del todo. Las dos nos sentíamos perdidas. Me visitaba, ya que a mí me causaba angustia el salir fuera de casa, y nos sentábamos en mi terraza. Con unos cafés con leche y un cigarrillo compartido, hablábamos de su vida. Ella estaba preparada para hacerlo, yo aún no podía hablar más que de su vida, la mía no contaba, o eso creía. El tabaco no era un vicio, ya que ninguna de las dos fumaba, uno yo alguna vez, probablemente era el hecho de encender una luz en la oscuridad de ese instante. Jamás la había tocado, jamás le había gritado, me contó. El hombre con el que se había casado poseía el don de la atracción sobre las mujeres, pero a solas e íntimamente casi no le dirigía la palabra, y si lo hacía era para dar órdenes, o criticar lo mal que lo hacía con lo que él consideraba eran los deberes del hogar, lo poco lúcida con su trabajo, y lo casquivana si la miraban otros hombres, porque consideraba que les sonría demasiado. En las fiestas procuraba ser atento con ella, pero en medio de una conversación, casi siempre encontraba la forma de hacerse la burla por cualquier cosa u opinión que ella vertía. Sabiendo de nuestra amistad, una noche recibí una llamada.

—¿Tienes tiempo?

—Sí. Y miro asustada, porque estoy en ese momento sola, y sé que en cualquier instante se puede abrir la puerta. Sé, también, que si me encuentra hablando por teléfono me pueden acusar de infiel, como cada vez que este sonaba, con alguien al otro lado del aparato, que no había marcado el número correctamente. La equivocación era, en esa paranoia, solo una puesta en escena en su mente trastocada por los celos. Todas las llamadas que no eran para él, tenían el propósito de contactar conmigo, incluso los que se equivocaban de número. Si la voz era femenina, no importaba, había un inductor detrás de ella, ese amante que utilizaba a otras de alcahuetas para mi engaño.

Odiaba el sonido del teléfono, sonaba sólo para llamar a los problemas. Lo había monopolizado tantos años en mi adolescencia que ahora este se vengaba cruel y jocosamente. Acuérdate, me decía, habla lo justo y necesario, que si no te meto en camisa de once varas. El quimérico engaño poseía un sonido, y la llamada que salía marcada en el visor del teléfono, culpabilizaba a un pobre despistado que había cometido el atroz error de confundirse de número. Los forros de mis bolsos y los bolsillos de mis chaquetas cortados por sus costuras, dejaban entrever unos agujeros desgarrados demostrando una inocencia ingenua que jamás escondieron nada pecaminoso, tan solo alguna migaja de pan rancio asustada por el brusco encuentro de unos dedos masculinos rebuscando en los supuestos escondites, una prueba de infidelidad. El mensaje oculto de mi amante no fue encontrado nunca, jamás fue escrito. Pero siempre había formas inimaginables de sentenciar a una inocente, y las pruebas del delito se materializaban incluso en el aire.

—Dime, José, en qué te puedo ayudar. Mi voz es la de la urgencia, y mastico cada palabra rápidamente.

—Sé que tú conoces la vida de mi mujer, y que ella confía en ti, más que en sus hermanas. Yo te ruego que me ayudes a salvar mi matrimonio. Está en tus manos el hacerlo. Dime si el amante que Maribel tiene, le ha pedido que se vaya de casa. Quiero recuperarla, ¿sabes? Escucho una respiración ansiosa al otro lado del auricular, pero yo hiperventilo más aún. Estoy atenta al ruido de la calle. Han sido unos meses de mucho dolor y locura obsesiva en mi entorno para escuchar a otro loco. Esto ya es demasiado, tiemblo.

Tengo que terminar esta conversación, que parece salida de una mala obra de teatro por el dolor fingido que este hombre imprime en su voz, para conmoverme. Yo, sin embargo, conociendo su hipocresía, le digo que ella no tiene a nadie en su vida. Me dice que estoy equivocada, que yo me estoy dejando engañar por ella, que tiene pruebas. Como su marido de años, la comprende. Quizás he dejado de ser atento por mi exceso de trabajo, me dice con voz pesarosa, pero necesito salvar mi matrimonio porque la amo, por mis hijos.

Mi pequeña terraza se hizo eco de mi caos. Los tiestos de flores crecían desordenados entre la mala hierba; los tréboles y margaritas alicaídas por el exceso de agua y los rayos de sol abrasadores, intentaban sobrevivir, echando algún brote mustio, querían recordarme que aún había vida incluso dentro las sombras. Mi amiga venía, nos sentábamos y nos mirábamos a los ojos, esperando darnos una respuesta telepática al desazón en el que nos habíamos sumergido las dos. Maribel, era muy fuerte, constante y disciplinada, pero aún se sorprendía con la maldad de los de su entorno, la estupidez de algunos, y la credulidad de los más cercanos, cuando observaba cómo aceptaban las aseveraciones del que iba en camino a ser su ex marido, como verdadera. Se quedó sola con sus hijos, y luchaba por conservar su trabajo para poder mantener su libertad económica. Yo seguía como una lombriz solitaria, aunque seguía casada, aparte de su amistad, tan solo la de otra amiga. No tenía trabajo reconocido y el del Tarot se había desvanecido. Me sentía incapaz de seguir aconsejando a las demás. Mi voz ya no sonaba certera, sus matices eran los de una gallina clueca a punto de ser estrangulada. Cada vez que se abría una puerta, o que sonaba el teléfono, mis ojos se perdían en el infinito, rompiendo mi concentración. Por supuesto, desistí de ayudar a quién no estaba por la labor de ayudarse, yo, y era obvio que no era ético intentar hacerlo con las demás mujeres que venían por respuestas a su vida.

CHIPIRIRI MON AMOUR: UN CUENTO DENTRO OTRO

El 21 de septiembre hubiera sido el tiempo ideal para casarse. Era el inicio de la primavera en esa parte del planeta, pero se decidieron por el 20. Caía en domingo, el día ideal para celebrar una boda. Los padres de ella estaban entre radiantes y preocupados, al fin se casaba la niña. Su decisión estaba tomada, y nadie había sido capaz de cambiar una determinación suya nunca, cuando se la veía tan decidida. "No hay quien la pare" decía la abuela entre orgullosa y fatalista, porque su nieta era en ese aspecto su vivo retrato. Toda la familia respiraba aliviada, porque a los 25 una mujer estaba lista para vestir santos sino se había casado todavía, o se la tomaba por una furcia a la que no le quedaría más remedio que salir con hombres casados. Este, un temor acusado por la agitada vida social que la joven había demostrado tener hasta ese momento. Le encantaba el baile, y con los bailes muchos pretendientes de familias conocidas, y de otras familias cuyo apellido no significaba nada socialmente. Jamás se la encontraba en la casa, y cuatro de siete noches las tenía fuera de casa, llena de compromisos y noches de discotecas.

El cerrado círculo social era un forzado conventillo lleno de supuestas beatas, haciendo de las suyas cuando les daba la gana, demasiados borrachos y todos llamándose buenos cristianos. La vida privada un asunto público, dónde existía cierta tolerancia para aquellas en amoríos con los maridos de las otras. La aparente mojigatería santificaba a medio mundo, especialmente cuando alguno estiraba la pata: "Qué buen, hombre, o qué mujer más santa", decían; jamás escuché "era un baboso, y se lo tenía merecido" o, "era tan mala que se mordió la lengua y estiró las chanclas"; nadie se atrevía a hacerlo, la muerte era cosa seria, y santificaba a todos los que pasaban por ella.

Algunas jovencitas enredadas en amores casi lujuriosos con algunos viejos degenerados, salían inocentemente agarradas de la mano de otras niñas a dar unas vueltas por el Paseo del Prado, y se las veía angelicalmente provocativas, mientras los coches frenaban a su paso. Las más adultas y sin tiempo para lindezas de ese tipo, iban escondidas en los coches de sus amantes, generalmente casados, a unos moteles hechos a propósito para los coitos ilícitos. Las más viejas y sin posibilidades de amores prohibidos o sin prohibir, se arremolinaban alrededor de unas mesas de juego, para jugar a la Canasta, o al Bridge y comentaban sobre las que habían tenido la mala fortuna de ser descubiertas, o cualquier otro tema baladí como la muerte de alguno, y la enfermedad de otro. Los nombres salían a relucir en un tono artificialmente confidencial. Los tés dejaban esto y mucho colesterol en sangre por la profusa ingestión de pastelillos, tartas y deliciosas humitas de maíz con queso. Tarde tras tarde en una bucólica desesperanza, todas intentaban infructuosamente hacer una dieta. Era de suponer y fácil que en ese ambiente, la joven no tardaría en caer en la boca de algunas chismosas, y si no paraba de seguir en esa vida libre de prejuicios, tenía el puesto asegurado, con motivo o sin él, a verse envuelta en cualquier partida de cartas como la reina de sotas de la partida.

La muchacha del cuento mostraba una evidente despreocupación por ser como era. Tal cual, sin artificios, ofendía a muchos. Su alegría era insultante para el pesimismo generalizado que emanaba en ese círculo social. Todo iba mal, su padre opinaba con una hipocondría que se había anidado en todo su sistema, nada era bueno. Pero, en fin, el muchacho elegido como novio no estaba del todo mal. Claro, se hubiera preferido un neurólogo, o mínimo un traumatólogo. Las muchas caídas que la abuela había sufrido ese año, venían costando una fortuna y el remendarle los huesos una tarea constante. Un especialista hubiera aliviado en algo los pesares que la anciana últimamente tenía. Un médico general no era mucho para tantos males, pero desde luego ayudaría. Se había hecho una pequeña investigación en el entorno más cercano del susodicho en cuestión. Se enteraron que en antaño, uno de sus antepasados había sido un famoso lugarteniente de Simón Bolívar, y gracias a su valentía, el Libertador le había regalado tierras, convirtiendo al soldado en un gran terrateniente de la época en la nueva república. "La familia era de buena casta", dijo un tío al padre, y a este le bastó esa opinión, la tomo por válida para finalmente dar el consentimiento y celebrar la boda. Otro punto a favor era que el futuro novio había estudiado la carrera de Medicina en Barcelona, y Europa sonaba a sofisticación e importancia.

—No espere ni un centavo por parte nuestra —dijo el padre de la futura novia, cruzando sus piernas con determinación, dejando en claro con este gesto, que lo que decía iba en serio.

—No se preocupe señor, yo no tendré dinero, pero tengo mis manos, y una cabeza que me ayudarán a formar una familia con su hija —dijo mirando fijamente a los ojos del interlocutor. El labio superior le temblaba. Había ensayado su discurso toda la noche, y ese era el comienzo de unos quince minutos de lo que había planeado decir. Ahora tartamudeaba, y su mente después de decir esas palabras con solemnidad, se quedó en blanco.

La madre aunque la cara era pétrea, los ojos le brillaban dando su aprobación. Su marido tenía las cejas alzadas como dos bigotillos fruncidos en el entrecejo; ambos sabían que ninguno de los dos jóvenes tenía dónde caer muertos.

El currículo del futuro suegro era brillante. Como diputado, había sido uno de los más jóvenes de la nación; a sus 23 años y siendo aún universitario, se lanzó a una campaña política exitosa, y salió elegido representante por un partido de izquierdas. Brillante por su oratoria en su entorno profesional, se lo llamaba Marat, sus discursos apasionados recordaban a aquél revolucionario y abogado francés que con sus incendiarias palabras, llevó al rey Luis XVI a la guillotina. La fortuna de sus padres y su pasión por la política lo había ayudado para convertirlo ahora, en un reputado abogado empresarial. Había viajado por muchos países, tenido muchas amantes y cuando decidió casarse, lo hizo con la mejor, y al decir esto miraba a su mujer con ternura.

Se casó mayor, porque quizás debía sentar la cabeza. En unos de sus viajes en tren, entre una ciudad y otra, conoció a la que sería su compañera de toda la vida. Se habían tropezado en un angosto pasillo de ida al vagón comedor, y él no pudo menos que admirar unos maravillosos ojos verdes gatunos que se iluminaron al verlo. El ex diputado se quedó observándola y admiró la diminuta cintura de la joven que realzaba por su brevedad, unos pechos generosos y unas piernas cubiertas por unas medias nylon con una delicada costura trasera que subían traviesas para esconderse dentro una falda de pliegues escrupulosamente bien planchados. La casualidad hizo sentar a ambos lado al lado, y al frente la madre, una viuda que había criado a dos hijos sin pedir ayuda a nadie. Madre e hija se trasladaban de ciudad con todos sus ahorros; habían comprado una casita en el valle, y dejaban atrás parientes y casa en una ciudad famosa por sus ricas minas de estaño pero con un frío que ennegrecía las pieles y coloreaba las mejillas de un rojo morado áspero. El clima atacaba a los huesos de la viuda, y la ciudad se estaba llenando de indios, según ella. La que sería futura suegra diseccionó al pretendiente como un batracio y lo encontró, aparte de encantador, buen mozo, y un excelente partido. Sin embargo, la que sería suegra de la jovencísima secretaria, no pudo ocultar su desencanto y la llamó pelandrusca sin fortuna, y por decir esto fue condenada casi toda su vida, menos el último año de su vida, en la que fue mimada y cuidada por aquella que menospreció en un primer encuentro.

Hubo peleas dentro el matrimonio. Se escuchó gritar "muerta de hambre", y "cretino". Los sirvientes de la casa andaban de puntillas cuando esto ocurría. Las moscas detenían su vuelo y los gatos se olvidaban de maullar, y luego todo volvía a su tranquilidad. Las fotos de matrimonio, opacadas por los gritos, recobraban un esplendor nuevo. La foto de joven de ella era el de una mujer bella, de tez muy blanca, cabellos castaños y esos ojos verdes que embrujaban al que los miraba. La foto de él, mostraba a un galán de película, con una pajarita de seda, peinado relamido por la brillantina y sonrisa preciosa dispuesto a seducir a cualquier mujer que se le pusiera delante. La pareja perfecta que había procreado unos hijos muy monos, y que al igual que ellos, tenían un futuro brillantemente predecible. Sin embargo en estos momentos, con el casi yerno delante, el padre de la futura novia había perdido esa sonrisa, sus ojos reflejan un cierto temor de ver a su hija sin las comodidades a las que ella estado acostumbrada. Observa de reojo la cara de la joven con una sonrisa que va de una oreja a la otra, y con los ojos solo en el hombre moreno de cara asustada que está sentado muy junto a ella, con las manos entrelazadas. Tarea inútil, la ve decidida y casi se cae de su sillón cuando ambos jóvenes le dicen que se van a vivir a la selva.

—Tengo trabajo señor. Voy a dirigir un pequeño hospital en Chipiriri.

—¿Chipi qué? —exclama, el padre con incredulidad.

—Chipiriri, señor.

—¡Ese pueblucho lleno de mosquitos! —no es una pregunta, sino una afirmación.

—¡Es la selva! —dice la madre, y mira a su esposo temiendo una negativa, que la chica ya es mayorcita y tiene que hacer su vida.

—Bueno, es la selva, pero el hospital lo dirigen las monjas y un cura italiano —responde el joven, dando a entender que si hay religiosos de por medio, el trabajo no es tan malo. Y tiene la bendición del Vaticano.

—Usted puede ir, joven, pero deja a mi hija en casa hasta que no tenga la cosa clara.

—Estaremos seguros, señor. El hospital nos dará comida, y casa.

—Se lo vuelvo a repetir —alega vehemente, y mira a ambos jóvenes—. No espere que yo de ninguna ayuda económica. Sera por cuenta y riesgo.

—Padre, ya está decidido —corta la joven, y da por finalizada la petición de mano.

El joven respira. El padre palmea su hombro brevemente como con temor a que se contagie del entusiasmo reinante. La madre besa a su hija, el padre le acaricia el cabello. La que era su niñera tiene preparada unas copas de Sidra argentina que ha corrido a la tienda a comprar. En la casa hay un surtido de bebidas alcohólicas, pero nada burbujeante para celebrar la feliz ocasión. El padre hace la mímica de beber, es abstemio, y se le han quitado las ganas de hacerlo, la selva no es un lugar adecuado para su niña. Los demás se beben la botella. Las risas anuncian que una boda feliz va a celebrarse. No se habla del sueldo, ni finanzas. Ya nos arreglaremos, piensa el joven, aunque sabe que sus 100 dólares mensuales, no le alcanzan para comprar un vestido de la que será su futura mujer.

Las familias se visitan cómo es de rigor. Se hace una cena en la señorial casa, y otra igualmente deliciosa en la casa más modesta del joven. Las cuñadas de mejores relaciones con los curas, arreglan lo de la iglesia. Asisten, como lo exige la parroquia, a unos cursillos prematrimoniales. Ahí curas sin experiencia marital hablan de cómo seguir los Diez Mandamientos, los repasan todos especialmente el noveno porque los hombres una vez con la soga en el cuello, siempre con sus pensamientos impuros, desean a la mujer del vecino. Una doctora enumera los métodos contraceptivos evitando mirar a la que trata de esconder un inmenso vientre con un embarazo a punto del alumbramiento. Otra pareja de catequistas que hablan de los presupuestos que necesita una familia para vivir. Ningún tema les preocupa, sobretodo el financiero, los de ellos no es contigo pan y cebolla ya que cuentan con el plato asegurado en ese pequeño hospital rural, y un cuarto donde dormir.

—Somos afortunados, todo el sueldo limpio para nosotros —dice ella optimista.

—Lo importante es estar juntos —él la mira amorosamente, y acerca sus labios uniendo con un beso, sus esperanzas.

La boda se la realiza sin grandes pretensiones, en la casa de los padres de la novia. El jardín esa época del año está lleno de flores. La piscina tiene un ramo de rosas enorme.

Todas rojas flotan escandalosamente felices, en medio de unas aguas minerales que salen surgentes de un pozo que jamás para de fluir un caudal de agua dulce, lista para beber. Llegan los invitados, solo 60, unos pocos amigos y el resto parientes que no deben olvidarse. La casa se engalana con montones de flores blancas, símbolo virginal, aunque los padres ya saben que la niña dejó de serlo hace mucho.

Las cocineras, cuatro, han estado tres días preparando lo que más gusta a todos, un picante de pollo, y unas piernas de cerdo al horno que hacen oler todo el vecindario por días. Todo perfecto. La novia decide que quiere ser la última en irse, es su fiesta, y se siente una princesa de cuentos de hadas. El novio, agotado porque estuvo de buceador fijando el ramo en la piscina el día antes, decide que ya no puede más, y se van cuándo él lo dice con media tarta nupcial.

Un pequeño cuarto de un hotel rural a las afueras de la ciudad, con un televisor desvencijado pegado a la pared, y nadie más en todo el lugar. Se ve que lo acaban de abrir por la temporada, y no tienen nada preparado para los novios. y por solo dos noches, es que no hay que molestarse. El presupuesto, como no da para más, ha sido la mejor opción. No les importa, al final de cuentas, es una luna de miel. Solos al fin, y en una cama como toca. El tercer día, él tiene listo su maletín.

—Doctorcito, ya ha llegado el cura para recogerlo —Isabel, la mujer que ha estado casi toda su vida cuidando de los niños de la casa, se lo dice con cariño. Se ha convertido en su ídolo desde que él le ha vendado las rodillas deformes por la artritis un día que ya no podía con el dolor.

Parte solo. Su mujer se quedará esperando. Aún no saben si será un dormitorio, o una casa al lado del hospital que el cura les ha dicho les puede dar. No se verán en dos semanas. Saben que no existen medios de comunicación porque la única radio en el hospital lleva rota desde hace unos meses. Solo serán dos semanas, le dice él suavemente al oído, y a ella le parece una eternidad.

RELATIVAMENTE FELICES

Relativamente felices. Existen épocas en que la relatividad desafía a todo lo establecido, y de pronto esta ley física decide su suerte y se transforma en lo absoluto. Sabe, aunque sin importarle lo más mínimo, que dejará boquiabiertos a todos los que defendieron en su momento al Señor Einstein y está segura que el resto de los mortales bailará sin conciencia, con la decisión de su repentina transformación. Las personas corrientes como tú y yo, y los millones ahí fuera, exceptuando algunos yoguis y budistas, podemos pasar de una relativa felicidad a la felicidad absoluta, y de una desgracia gris a la más negras de las desgracias. Entre el punto de luz y el otro del agujero negro, está el del equilibrio, y hacerlo en esa dualidad, es lo difícil del asunto y de la vida.

Lo absurdo sobreviene cuando una intenta los mil y un consejos que salen de los libros de autoayuda. Tanto uno como los otros se van acumulando sonrientes en las estanterías de un piso que resulta demasiado chico para albergar tan solo a una persona y a sus constantes pensamientos existenciales. Un aire pesado se cierne en la atmósfera. Todos los filósofos y gurús se repantigan en la minúscula sala, esperando que la chica espabile y dé el toque de do, de una vez. Mientras unos fuman, otros se sientan en la posición de loto sobre los almohadones de colores que yacen por toda la habitación en alegres tonalidades, y alguno entra en la cocina para hundir el dedo en la crema que cubre el pastel de chocolate que luce atrevido en medio de la pequeña mesa de la cocina. Luego, al unísono, se miran entre ellos y mueven la cabeza pesarosos. María ha resuelto un día más hacer lo que le viene en gana, y derrotados, se vuelven de dónde salieron. La esperanza de que este sea el día que toca quitar el polvo de su cubiertas un poco deslucidas ya por el paso del tiempo, pervive. La trompeta de la misma canción de Jazz que suena todas las mañanas ahora casi seis años, les indica que es hora de la retirada. Kant, que es el que menos voz y voto tiene en esta reunión se atreve a opinar y dice que a ver cuando nos vuelve a sorprender la mujer, y entra en su sano juicio. Alguno se rasca la cabeza, por no emitir algo sabio y maravilloso en vano.

El proceso de observarse ha comenzado, el cuarto de baño impecable, y un gran espejo de medio cuerpo reluciente. María, como todos los días, acerca su cara y casi pegando su nariz, se mira la cara, las arrugas nuevas resaltan, y los pensamientos se arremolinan en torno a su cabeza, despeinando su alisado japonés. Estos días existen, ella piensa, mientras distraída cepilla ceremoniosamente su pelo. Deben existir, se dice, y se vuelve a mirar. Sus ojos marrones, como en otra realidad paralela, le devuelven la mirada, parpadean desde el espejo. Ya no se sorprende, estas señales ya le ha sucedido otras veces, incluso ha sorprendido un gesto burlón, o el movimiento de una ceja, cuando ella lo que había abierto era la boca. La otra yo le sonríe y los dientes son perfectos, de un blanco marfil envidiable. Los suyos aún conservan las marcas de una ortodoncia mal hecha. María le dice sin palabras, tienes la suerte de que existen los días de tormenta, para poder distinguir los que vienen con sol. María, la que está con el cepillo en la mano, se sonríe, y ambas, la del espejo y la del otro lado de él, saben que no hay mal que dure mil años.

POR EL VALLE SAGRADO

Quizás inspirada por Paolo Coelho y su libro "El Peregrino de Compostela", decidí llamar a este viaje; mi viaje iniciático. Por demás, es sabido también que las metáforas de la vida con viajes, a pie en barco o en avión, abundan. ¡Osada o repetitiva de mí! pero es así como lo proclamaré con permiso del señor Coelho, y algún otro que haya podido culminar cualquier meta en su vida y que aparte del crecimiento espiritual y el encuentro con sus demonios, haya hecho algo vital para sentir que existe. Fue este un sueño no cumplido en mi adolescencia, y que finalmente lo conseguí realizar alguna década después. Como todos los sueños que se concretan en la realidad, su trazo imborrable ya se ha dibujado en mi memoria, y aún siento su cosquilleo acomodándose travieso dentro mi alma. No es un viaje cualquiera, es aquél que me prohibieron un día mis progenitores por considerarlo arriesgado. La pataleta en ese entonces fue mayúscula, pero la negativa de mis mayores, más rotunda aún. Luego la vida pasó, y ese sueño se escondió solitario, en algo así como dentro de una habitación llena de seres y enseres que adquirieron mayor importancia en mi vida, y aquél supuesto capricho nunca llegó a materializarse, hasta hace poco.

Ahí estoy yo, posando sonriente para la foto, ojos de satisfacción y el cuerpo erguido, pese al cansancio físico. Ningún otro pensamiento en mente, tan solo el ahora consciente. El recorrido entre aquellas ruinas Incas y paisajes de ensueño, son fuera de toda expectativa. La completa libertad en recorrerlas, y mis propias decisiones acorde con las ganas de parar o continuar una marcha, toman un sentido profundo en el aprendizaje de vivir mi vida. La respiración a pleno pulmón y mis ganas de continuar con la aventura se han vuelto imparables.

He subido y bajado todos los escalones del mundo, o eso parece, pero no tengo prisa por terminar con mi ascensión, pese a la fatiga. He elegido este momento precioso, y a este, le sucederá otro. Bonito o menos bonito, pero siempre mejor que el precedente, ya que afronto las situaciones sin temores, valientemente. No existe nada ni nadie que me impidan el caminar o el dejar de caminar si me viniera en gana. No busco nada preciso, tan solo la sensación de libertad que brota del esfuerzo, traduciendo su necesidad de expresarse a través de las gotas de sudor que empapan mi cuerpo. Soy yo, y esta es mi toma de libertad.

Cuán diferente es esta mujer de aquella que se mimetizaba en las sombras de los pasillos de una casa que le era inhóspita, con momentos que duraban una eternidad por el dolor que la ahogaba. El paraíso y el inframundo, he vivido ambos, y ahí quedan como experiencias trascendentales. ¡Bien por ellas! Ya están vividas, me han hecho fuerte, y con la habilidad de solucionar cualquier situación que pueda presentarse en lo que me queda de vida, más la comprensión de que casi todo tiene solución, si tenemos la voluntad en hacerlo.

En este viaje he tenido momentos en los que he tocado la cima del mundo, y el cielo parecía materializarse en mis manos. Me he echado sobre la tierra húmeda, y hundido deliciosamente en el barro sin ningún recato. Elecciones felices y de satisfacción propia. Paso a paso he recorrido kilómetros, y así se me he ido abriendo un camino. No hay pretensión alguna, tan solo la de caminar, y admirar mi entorno; he explorado casi todo el sur peruano. La exuberante selva, el desierto y la conversación de mi compañero de viaje, como complemento a las mayúsculas sensaciones emocionales del momento.

Mi vida con sus detalles, con el pasado y el presente en total discrepancia, me dejan perpleja por la disimilitud de ambos. El bolígrafo, a un impulso mío, escribe voluntarioso e incondicional, obedeciendo mis deseos de contar mis pensamientos. Cosa curiosa, en su pequeño armazón negro, unas letras doradas resaltan una caligrafía elegante: "Je suis", marca de una lencería, que sin embargo para mi adquiere un significado especial, "Yo soy", ni tú, ni él, menos él, tan solo yo. El verbo SER ahora, se identifica plenamente conmigo, y se apropia escandaloso de mi espíritu. Antes no había tenido casi tiempo de pensarlo, estaba ocupada en tratar de no ser y vivir la vida que otros decían debía tener. Ese "Yo Soy" sigue creciendo en plenitud, con una consciencia activa a la que voy alimentando con cosas que le gustan, y que me hacen feliz. La solidez de este alimento casi no se traduce en cosas materiales, sino no en por ejemplo, este viaje que es un refuerzo a mi espíritu, así como mi voluntad de continuar con mi vida con la sonrisa en mi cara, tan simple como eso.

Ajena a todos estas mis elucubraciones, sentada al lado mío en el autobús, una turista inglesa. Yo para ella no existo, tampoco ella para mí. Las dos miramos absortas a través de la ventanilla. El Lago Titicaca me sobrecoge, estoy tocando las aguas del lago navegable más alto del mundo a unos 3800 metros, y mi pensamiento pleno y de total agradecimiento vuela más alto aún, y de pronto, en caída libre se sumerge dentro las aguas, soy un cóndor , un pez de agua dulce, o tan solo eso: un pensamiento feliz.

El bamboleante autobús se llena de voces. Las diferentes lenguas que se escuchan me sitúan de nuevo dentro de la movilidad, distrayéndome de mis reflexiones. La mayoría son jóvenes mochileros con la curiosidad y capacidad de experimentar sensaciones nuevas propias de su juventud, aunque todos, sin límites de edad, estamos viviendo con pleno derecho nuestra aventura particular, y el disfrute se nos otorga como forma única y a demanda. Aún hay tiempo para cualquier aventura, no es tarde para vivir en paz.

Mi equipaje descansa bajo mis pies, es tan solo una mochila ligera, que hasta hace unos momentos viajaba arrimada a mi espalda, permitiéndome una caminata alegre y sin pesares. Estoy aprendiendo a llevar solo lo imprescindible, las cargas pesadas ya no las acepto, ni las quiero, y así con todo en mi vida, porque no hay peor mochila que la que va repleta de miedos y de autocompasión. Convencida de que es la forma absolutamente imprescindible para un caminar ligero, he tirado al vacío muchas convicciones atávicas que, como cadenas, me perpetuaban en un estado de profunda infelicidad. Los vestidos y zapatos que al no ser imprescindibles me retrasaban la marcha. Algún movimiento tembloroso he tenido, incluso en un despiste, he trastabillado al intentar saltar algún escalón; no tengo la seguridad de si sabré dar los pasos correctos en esta ascensión, pero al menos los daré. La mochila casi no pesa, gracias a mi decisión de hacerla así. Otra alternativa era llevarla cargada y eso indudablemente dificultaría mi paso. Se debe asumir la responsabilidad en el movimiento que se imprime en ese caminar que aparte de alegre, debe avanzar ágil si queremos evitar los altos en el camino.

La mirada hacia el frente, Macchu Picchu está ahí desafiante esperando ser conquistado. Retroceder ya no está permitido. El esfuerzo casi sobrehumano que nos trajo hasta este momento, va a ser recompensado con un instante de gloria. No es aconsejable el regodearse con algunos recuerdos, especialmente en esos que dejan heridas dolorosas, pero tampoco se puede olvidar el esfuerzo. Todo tiene valor en su justa medida, y no recordar esto sería desmerecer nuestra capacidad vital de querer vivir. El aprendizaje, ganado con el sufrimiento, representa una fuerza motriz potente para continuar en el proceso de pasar las lecciones que nos da la vida con éxito.

La experiencia del sufrimiento en carne propia, que parece es la mejor escuela en esta vida para muchos, nos da las herramientas necesarias para afrontar lo que viene, nos ayuda a vencer esos miedos diarios que muchas veces paralizaron nuestra psiquis, convirtiendo en cristal cualquier decisión que era menester ejecutar y así, decisiones y acciones, se postergaron durante días, meses y años. Un tiempo que se perdió inmisericorde a nuestro desespero, súplicas, y a una no - acción sin resultados positivos.

Ahora ya no sirve el lamentarse, fueron elecciones hechas en su día que se perdieron sin saber cuándo. Estas se opacaron gradual o repentinamente. La capacidad de disfrutar del día a día se adaptó a un entorno hostil, disolviéndose en la necesidad de un sobrevivir diario. Es inútil, y casi hasta morboso, preguntarse: ¿cuándo fue? o ¿qué me pasó?, si no se va a ejecutar una acción en respuesta.

Toma trabajo el redescubrir la esencia del volver a SER en plena armonía. Ese redescubrir es la palabra exacta, porque la esencia jamás desaparece, ella está ahí esperando se la encuentre de nuevo, y empezará a vibrar al menor impulso que reciba, y esta vibración se tornará imparable rogando ser sentida, y atendida. Es una paleta desvaída, que comienza a llenarse de colores vibrantes deseando volver a pintar nuestra vida de alegría. Todos los colores básicos y un pincel en nuestras manos, mas nuestra voluntad de pintar. Los colores se tornarán aún más intensos de lo que una vez fueron porque ahora conocemos su valía, os lo puedo asegurar. Toma trabajo, pero una vez decidido, el tiempo apremia, y la recompensa se ve en el resultado y en el saber que el esfuerzo no era baldío.

Es la ciudad perdida de los Incas, Macchu Picchu, perdida en la bruma del tiempo, que de repente se ilumina. Caminé hasta ella en plena tormenta, llegué a sus pies empapada, y de repente, ya casi sin aliento, divisé sus primeros escalones de piedra. La ciudad se dibujaba endeble en el horizonte, una niebla densa no dejaba ver ni las montañas más altas vecinas. La lluvia pertinaz me negaba su ascenso, pero comencé con el primer escalón, y a medida que lo hacía la claridad ganaba terreno, y llegué a unas piedras gigantescas pulidas por una técnica suprema, y observé con asombro que la luz desnudaba un paisaje que solo había visto en algún libro, y en mis sueños. Ahí estaba yo, con un arco iris espléndido e inesperado coronándome cuál una princesa. No es mentira y puedo afirmar que la confabulación divina existe, y que premia el esfuerzo a su manera. Maravillosa y misteriosamente he llegado a la cima. Sucede que pudiendo evitar el chaparrón, lo enfrenté, y en el empeño disfruté del agua, del viaje, y de un arco iris.

Un primer escalón me impulsó a un segundo, y este a un tercero. Articulé las rodillas, levanté las piernas rítmicas y mecánicamente, como en un baile que se ha practicado ciento de veces pero que no aseguran el éxito, haciéndome dudar y temiendo no llegar. El barro mojado dificultó mi paso. Traspiré, me resbalé, continué. Final de trayecto con foto incluida y sonrisa en u, premiando mi rostro.

Los viajes iniciáticos pueden ser planeados o surgen espontáneamente sin ningún motivo, eso es indiferente. Ambos, sin embargo, tienen unas cualidades intrínsecas en su proceso que solo se podrán experimentar a un nivel individual. El descubrimiento de las diferentes etapas, con una meta al final del camino, que es la caminata en sí, se nos revelará a ritmo propio. Todo ayudará a que el individuo tome conciencia de sí mismo, y la sensación de poder con algo que otrora lo veíamos casi irrealizable, nos llenará de alegría. Todo con el esfuerzo se nutre, y así nuestra vida. Es un parto, con un bautismo en toda regla, y la confirmación de que somos personas, aunque llevemos el mismo nombre de antes.

¿Cómo se pueden hacer acaso, viajes iniciáticos cuando en nuestra vida anidan personajes o situaciones que, como muros, nos impiden ver la existencia de incluso la agencia de viajes a la vuelta de la esquina? ¿Podemos vislumbrar colores, cuándo solo vivimos en blanco y negro? ¿Dónde encontrar las fuerzas para empezar cualquier camino si estamos volcados en un esfuerzo infeliz de ser felices? ¿Por qué continuar zombis ante la vida? ¿Cómo elegir el hacer este viaje o cualquier otro, si tengo la voz atragantada en la garganta y casi ni yo puedo escucharla?

Si uno está dispuesto a que las preguntas emerjan, todas llegarán explosivamente. Muchas no tendrán respuestas, otras quizás una respuesta factible, y unas cuantas, si estamos en total uso de nuestro libre albedrío, se responderán por sí solas, y serán de una cruda contundencia. A veces, incluso, más vale ni pensar en ellas, si no hay una acción como respuesta que las respalde.

Según Ortega "Yo soy yo y mi circunstancia, y si no la salvo a ella no me salvo yo". Solo hay una elección en un principio, y es tan solo una acción firme que, guiada por la dignidad, nos devuelve nuestra valía como seres humanos una vez más. Es imprescindible potenciar el respeto y la responsabilidad de nuestros actos acorde con nuestros pensamientos. Nuestra capacidad de elección, como derecho a nuestra libertad. Cuándo llega ese día, toda la maquinaria de nuestra vida gana un ritmo nuevo, una fuerza motriz imparable, entonces nuestras circunstancias cambian. Es así como funciona la magia.

Un día me otorgué el deber de hacerlo, era eso, o la muerte de mi espíritu. Lo hice y espontáneamente surgió la oportunidad. Todo se confabuló en mi ayuda, no era un cuento, y ahora puedo comprobarlo simplemente al verme en esa fotografía con Macchu Picchu y el arco iris. Esto es lo que hay, y sin insinuaciones de lo que podría haber no hace falta, la sensación suple a la palabra. Me he subido a una avioneta que me lleva a Nazca, continúo con el viaje, y con otra historia. El privilegio de la igualdad está en ambos sexos, y así mismo el de la libertad de elegir algo tan bonito como un viaje, algo tan importante como una vida consciente.

La vida es un viaje, ciertamente, pero hay pequeñas travesías dentro de ella que al ser contadas, la reafirman como maravillosa. El tema podrá ser repetitivo pero la experiencia de cada uno es irrepetible. Las circunstancias son tantas como la gente que habita este planeta, pero existen ciertas realidades con validez para ayudar a los que están punto de darse cuenta de que se puede salir de una vida gris, y encuentran su inspiración en un relato. A iluminar a otros pocos, especialmente a esos que aún siguen en un estado de hibernación, y se despertarán un día. Habrá alguno, empero, para el que ya será tarde porque se habrá muerto sin hacer el esfuerzo, y contra eso no hay ningún remedio que lo salve, menos un relato de un viaje a la ciudad perdida del Macchu Picchu, pero aún así me queda la esperanza.

ES DE BIEN NACIDO, SER AGRADECIDO

No ayuda pensar que tu vida se va a transformar a mejor. Serán miles las muertes que se vayan experimentando a lo largo de la vida, y otros tantos los nacimientos. Es como atorarse con una espina de pescado en la garganta y sentir que te asfixias, para volver a respirar de nuevo cuando finalmente te has tragado el pan del vecino que te mira azorado, inmovilizado, sin saber cómo reaccionar, ante lo que parece va a ser tu defunción inminente. O, como cuando pasas por delante de un accidente de coche, y ves un cuerpo cubierto de un celofán dorado y sabes que por minutos, tú no la has palmado, y el aire entra aliviado dentro tus pulmones y se expande por tus órganos, haciéndote sentir vivo.

El cuerpo, ante tales vaivenes y muchos otros, intenta mantener el letargo de la comodidad, y su rutina. Más de pronto, la transformación sucede, y tú sin haberlo notado, ya no eres el mismo. Tantos pensamientos, para ver que el plan era el de otro y no el que tú tan cuidadosamente habías planificado, y que ese plan ignoto ahora es el tuyo. Pensar se piensa, y mucho, y a veces sin sentido. Hay caminos que están destinados a unirse, y así como uno se puede morir, así como también uno se despierta en una nueva dimensión. Tú y él al lado tuyo, en medio de una música que no ha sido pedida, ni tampoco anunciada. Es como esa sinfonola antigua, a la que se metía una moneda esperando escuchar una canción de jazz, y te salía otra totalmente desconocida, y de ritmos africanos, y la danza surge entre dos almas. No hay más remedio que el de bailar y el de seguir el ritmo. Unas veces le pisas el pie a tu compañero de baile, otras lo hace él, y ambos intentan un virtuosismo nada estudiado para bailar sin saber como lo hacen, bien o mal, eso da igual. Sienten el poderío de las notas, y se dejan llevar por el momento, sin fijarse ya en cómo lo hacen, y bailan una pieza tras otra mientras continúe sonando una melodía. Los ritmos se suceden y la dicha de bailar se traduce en las chispas que dos cuerpos desprenden al tocarse.

Los dos estaban entrelazados, y solo reinaba el orgásmico momento de su encuentro. Habían perdido su identidad con tan solo un beso. Todo lo que se daba por hecho había desaparecido en un suspiro. Llevaban años así. Los lugares eran improvisados y la hora jamás planeada. Cada vez que sus cuerpos chocaban, se inmortalizaba el tiempo con las propiedades de un segundo. El germen de una flor rompía la tierra y florecía de repente, todo florecía. El destino había querido mantenerlos separados, pero la unión de un óvulo infértil y el de un espermatozoide en plenitud, explosionaban en el primigenio instante de un gran Big Bang que solo a ellos les pertenecía.

Dos o tres años desde su primer encuentro resultó ser la eternidad planeada en los cielos y el momento Satori de un monje Zen sentado en un parque rodeado de nenúfares. Él la había besado el mismo día de conocerse, tímidamente, esperando un "no lo hagas que no es bueno para ambos". Sin embargo, los labios de ella húmedos se enredaron en los suyos. Hace mucho tiempo que María no había sentido el placer de un beso bien dado. La sorpresiva llegada de unos labios sobre los suyos, le reactivó sensaciones que pensó ya habían desaparecido por su edad. Y ahí se había quedado aquello que fue más que un beso. Se estrelló sobre su boca y ahí se instaló como en casa, sin querer moverse. La sensación eléctrica se activaba cada vez que ella recordaba aquél momento. No había necesidad de excusa o de notificación para que su cuerpo empezara a secretar esas hormonas que potenciaban su sexualidad femenina.

Muy a su pesar, ella un día decidió que la historia tenía que terminar. El alma crujió porque fue sano sentir esos besos que la arrastraron a sus quince años y que aún la harían bailar por las mañanas, y no quería dejar partir esa sensación. Sano porque pudo poder volver a sus veinte cuando sentía que un abrazo del chico que le gustaba era suficiente para electrizar sus entrañas. Sano porque volvió a hundirse en una pasión de telenovela, y vivir una historia surrealista con el hombre más apasionado del mundo. Sin embargo, la esencia de este momento se empezó a disolver en un otro momento. Su cuerpo envejecía, y el del otro, por lo contrario, florecía. ¿Cuánto quedaba para que el cuento caprichoso llegara a su fin? No iba a averiguarlo porque en la lejanía se forjaba otro boceto, quizás otros más y no solo uno, y así infinitamente mientras se sintiera viva y plena. Gratitud fue la palabra que surgió de pronto, como final para cada uno de todos sus instantes y comprendió la perfección de la divina creación.

###